福建师范大学福建自贸区综合研究院 2017 年重大项目的研究成果
国家首批"万人计划"青年拔尖人才支持计划（组厅字〔2013〕33 号）2017 年资助的阶段性研究成果
国家第 2 批"万人计划"哲学社会科学领军人才（组厅字〔2016〕37 号）2017 年资助的阶段性研究成果
人社部国家百千万人才工程 2017 年资助的阶段性研究成果
中宣部 2014 年全国文化名家暨"四个一批"人才工程（中宣办发〔2015〕49 号）资助的阶段性研究成果
2016 年教育部哲学社会科学研究重大课题（项目编号：16JZD028）的阶段性研究成果
国家社科基金重点项目（项目编号：16AGJ004）的阶段性研究成果
福建省特色重点学科和福建省重点建设学科福建师范大学理论经济学 2017 年重大研究成果
福建省首批哲学社会科学领军人才、福建省高校领军人才支持计划 2017 年的阶段性研究成果
福建省首批高校特色新型智库——福建师范大学综合竞争力与国家发展战略研究院 2017 年的研究成果
福建省社会科学研究基地——福建师范大学竞争力研究中心 2017 年资助的研究成果
福建省高等学校科技创新团队培育计划（项目编号：闽教科〔2012〕03 号）的阶段性研究成果
福建师范大学创新团队建设计划（项目编号：IRTW1202）2017 年的阶段性研究成果

# 中国自由贸易港探索与启航

## ——全面开放新格局下的新坐标

黄茂兴　等著

中国财经出版传媒集团

经济科学出版社

Economic Science Press

图书在版编目（CIP）数据

中国自由贸易港探索与启航：全面开放新格局下的新坐标／黄茂兴等著．—北京：经济科学出版社，2017.12（2018.5 重印）

ISBN 978-7-5141-8867-7

Ⅰ.①中… Ⅱ.①黄… Ⅲ.①自由贸易区－经济发展－研究－中国 Ⅳ.①F752

中国版本图书馆 CIP 数据核字（2017）第 320822 号

责任编辑：侯晓霞
责任校对：隗立娜
责任印制：李 鹏

**中国自由贸易港探索与启航**
——全面开放新格局下的新坐标
黄茂兴 等著
经济科学出版社出版、发行 新华书店经销
社址：北京市海淀区阜成路甲 28 号 邮编：100142
教材分社电话：010-88191345 发行部电话：010-88191522
网址：www.esp.com.cn
电子邮件：houxiaoxia@esp.com.cn
天猫网店：经济科学出版社旗舰店
网址：http://jjkxcbs.tmall.com
北京季蜂印刷有限公司印装
710×1000 16 开 15.75 印张 200000 字
2017 年 12 月第 1 版 2018 年 5 月第 2 次印刷
ISBN 978-7-5141-8867-7 定价：55.00 元
(图书出现印装问题，本社负责调换。电话：010-88191510)
(版权所有 侵权必究 举报电话：010-88191586
电子邮箱：dbts@esp.com.cn)

诚挚感谢福建省人民政府办公厅、中共福建省委组织部、福建省财政厅、福建省商务厅等部门对福建师范大学福建自贸区综合研究院的关心与大力支持!

## 《中国自由贸易港探索与启航
—— 全面开放新格局下的新坐标》

## 项目承担单位

福建师范大学福建自贸区综合研究院

## 项目组人员名单

| 顾　　　问： | 李建平 | 李闽榕 | | |
|---|---|---|---|---|
| 项目总负责人： | 黄茂兴 | | | |
| 项目组负责人： | 余　兴 | 王珍珍 | 俞　姗 | 邹文杰 |
| | 戴双兴 | 施志源 | | |
| 本书撰写人员： | 黄茂兴 | 余　兴 | 王珍珍 | 俞　姗 | 邹文杰 |
| | 戴双兴 | 施志源 | 王　荧 | 陈凤娣 | 方　忠 |
| | 陈玲芳 | 陈　雯 | 林姗姗 | 郑小梅 | 伊　馨 |
| | 赵　亮 | 黄新焕 | 杨飞龙 | 林少东 | 杨垠红 |
| | 周利梅 | 张宝英 | 吴　娟 | 方友熙 | 闫　玄 |
| | 邱丽洪 | 江婷婷 | 蔡　凌 | 林惠玲 | 冯国治 |
| | 林昕瑶 | 郭黎霞 | 郑启福 | 林　娘 | 郑心仪 |
| | 王国建 | 谢闽松 | | | |

# 福建师范大学福建自贸区综合研究院简介

 为积极服务中国（福建）自由贸易试验区建设这一重大国家战略，全面梳理自贸区的发展脉络、发展定位和发展方向，构建相应的自贸区战略支撑体系，为福建省委省政府及省直相关职能部门提供决策咨询服务，经福建师范大学党委批准，福建师范大学福建自贸区综合研究院于2015年1月7日正式成立。

 研究院首任院长由首批国家"万人计划"青年拔尖人才入选者、第2批国家"万人计划"哲学社会科学领军人才入选者、福建师范大学经济学院院长黄茂兴教授担任，研究院下设办公室、研究部、信息部、交流部和培训部。组建了一支36人的专业研究团队，涵盖经济学、管理学、法律、社会学、地理学等多学科背景，并根据自贸区的发展实际和战略要求，下设国际贸易与投资规则研究中心、金融开放创新研究中心、税收与公共服务研究中心、物流与电子商务发展研究中心、企业发展战略研究中心、知识产权研究中心、人才保障研究中心、绩效评估研究中心等研究平台，重点开展自贸区的贸易与投资、自贸区的金融与资本深化、自贸区的产业发展与技术创新、自贸区的国际人才培养与发展、自贸区的知识产权保护与法律规制等前沿性和战略性问题研究，并积极承担对自贸区高端人才和管理人才的培训任务。研究院成立两年来，已相继推出了《中国（福建）自由贸易试验区180问》《自贸区大时代——从福建自贸试验区到21世纪海上丝绸之路核心区》《中国（福建）自由贸易试验区发展报告（2015－2016）》

《中国（福建）自由贸易试验区发展报告（2016－2017）》《TPP的中国策：全球化新时代中国自贸区的突围之路》《供给侧结构性改革与中国自贸试验区制度创新》《"一带一路"与中国自贸试验区融合发展战略》等7部专著，在《人民日报》《光明日报》等众多报刊上发表了一系列学术文章，得到了各级政府机关、学术界、企业界和新闻界的好评，产生了积极的社会反响。

  研究院采取"政产学研"合作的协同创新模式，广泛联合国内外相关领域的科研院所、政府机构、企业、国外著名高校及国际组织的研究人员，深入开展自贸区发展的理论、政策和实践问题研究，努力建成助力福建自贸区建设与发展的思想库、人才库、信息库。研究院定期向政府部门和企事业单位报送研究报告，编辑《福建自贸区通讯》，出版《福建自贸区蓝皮书》以及其他各类自贸区研究著作，举办自贸区发展高峰论坛，并积极承担为自贸区管理人员和企业职工开展培训工作。

# 前言 Preface

习近平总书记在党的十九大报告中提出要"赋予自由贸易试验区更大改革自主权，探索建设自由贸易港"，短短一个多月以来，国内对自由贸易港的关注度迅速飙升，到底什么是自由贸易港？国际上在自由贸易港建设上有哪些成功的经验？有哪些类型的自由贸易港？我国各地对自由贸易港做了哪些的探索？未来发展趋势如何？……这些问题不断被抛出，可以说自由贸易港作为中国全面开放新格局下的新坐标，正扬帆启航。

自由贸易港，又称"自由港"（为了简便起见，书中均使用"自由港"），是指全部或绝大多数的外国商品无论是进出港口，或者是在港口内装卸、长期储存、包装、买卖抑或加工制造，原则上都不征收关税。作为一种古老的贸易促进政策工具，自由港兴起于欧洲，扩散于欧洲，是商品经济和海关关税制度不断发展的产物，并随着国际贸易自由化的发展而不断向前发展。早在古希腊腓尼基时期（公元前 1101 年~公元 241 年），为了扩大贸易往来，地中海沿岸就出现了一些允许国商人自由通行的港口，如泰尔等，这普遍被认为是自由港的雏形。1547 年，为了打破封建束

## 中国自由贸易港探索与启航——全面开放新格局下的新坐标
Exploration and Sail on China's Free Trade Port: New Coordinate under The New Ground in Pursuing Opening Up on All Fronts

缚，促进商品自由贸易，位于热那亚湾著名港口城市——里窝那城的雷格亨港（Leghoyn）正式定名为雷格亨自由港，这标志着世界上第一个以"贸易自由"为基本特征的真正意义的自由港的诞生。受此影响，欧洲其他一些国家的港口城市也随之纷纷效仿，不断开辟建立自由港，并伴随着帝国主义的殖民扩张出现在亚洲、非洲等殖民地或附属国。随着国际经济关系的不断紧密，特别是发展中国家实力的不断增强，兴办自由港的热潮从欧洲、美洲扩大到了全世界，自由港的数量也越来越多。据统计，全世界已有近1000个自由港，其中大部分位于海运历史悠久、市场机制比较完善的发达国家或地区。目前，自由港已成为现代综合物流运输网络体系中的重要节点，成为跨国集团在一定地域内的物流配送、运输、存储、包装、装卸、流通加工、分拨、物流信息处理等全方位及综合服务中心，成为联结世界生产与消费的中心环节，成为全球供应链网络的重要枢纽，成为带动腹地经济发展的巨大引擎，不断推动着现代城市经济的快速发展。

中国目前除了香港、澳门外，尚没有真正意义上的自由港，但中国在自由港建设上已做了一系列前期探索。可以说，2013年始于上海的自由贸易试验区以及后来所形成的1+3+7的自贸试验区格局是我国深化改革扩大开放的重要举措，是为了更好地参与国际贸易规则制定的重要实践。经过四年来的改革实践，我国自由贸易试验区在政府职能转变、贸易自由化、金融开放创新以及行政管理体制改革方面取得了一系列的显著成效，但在发展过程中也面临着一些难啃的"硬骨头"，对于我国自由贸易试验区下一步何去何从，学术界和各级政府机构也提出了一系列新思考新战略。可以说，自由港是我国自由贸易试验区建设的升级版，是为了更好地解决自由贸易试验区在深化改革过程中所出现的"瓶颈"而采取的一种更为自由化的投资贸易制度，是中国全面开放新格局的重要切入点，必将掀起我国更高水平的扩大开放。

　　本书共分为六章，分别探讨了自由港的产生、自由港的类型、自由港的国际实践、自由港的国内探索、自由港的趋势展望以及自由港建设的制度保障，以期能为致力于探索自由港理论和实践的部门提供决策参考。第一章介绍了自由港的产生，总结了自由港的概念、分布、主要特征、历史演变阶段和规律总结。第二章介绍了自由港的主要类型，分别分析了航运中转型自由港、出口加工型自由港和综合资源配置型自由港的主要功能和主要特征。第三章介绍了自由港的国内外实践，总结了国际上先进的自由港如新加坡、迪拜、鹿特丹、釜山、汉堡和中国香港自由港的一些发展优势、典型做法和经验启示。第四章介绍了自由港的国内探索，系统梳理了从改革开放初期到建设自由贸易试验区中对自由港相关功能的探索。第五章介绍了自由港的趋势展望，分别从国际趋势和国内发展趋势两个方面做了深入分析，指出未来自由港在区域分布上、战略布局上、功能定位上、合作模式以及内涵要义上将呈现的新趋势。第六章介绍了自由港建设的制度保障，分别探讨了海关制度、金融法制制度、知识产权制度、环境保护制度、容错纠错机制等对自由港建设的制度保障。

　　好风凭借力，扬帆正当时。习近平总书记在党的十九大上正式提出探索建设自由港的战略安排之后，我和我的研究团队成员在对自贸区前期研究积累的基础上，迅速完成了这部书的研究工作，抛砖引玉，希望能尽我们的绵薄之力为深化认识和加快推进中国自由港建设提供智力支持和决策参考。

福建师范大学福建自贸区综合研究院院长　　**黄茂兴**
福建师范大学经济学院院长，教授、博士生导师

2017 年 11 月 30 日于福建师范大学文科楼

# 目录 contents

## 第一章　自由港的产生 / 1

一、自由港的内涵、分布及主要特征 / 2
　　（一）自由港的概念 / 2
　　（二）自由港的国际分布 / 2
　　（三）自由港的主要特征 / 4

二、自由港的历史嬗变 / 9
　　（一）第一阶段：第二次世界大战以前 / 9
　　（二）第二阶段：第二次世界大战后到20世纪70年代 / 13
　　（三）第三阶段：20世纪80年代至今 / 17
　　（四）自由港演变历史的规律总结 / 20

## 第二章　自由港的主要类型 / 24

一、航运中转型自由港 / 25

（一）航运中转型自由港的主要特征 / 26
（二）航运中转型自由港的主要功能 / 29

二、出口加工型自由港 / 33
（一）出口加工型自由港的主要类型 / 33
（二）出口加工型自由港的主要功能 / 36
（三）出口加工型自由港的发展特点 / 39

三、综合资源配置型自由港 / 41
（一）综合资源配置型自由港的主要功能 / 42
（二）综合资源配置型自由港的主要特征 / 47

## 第三章 自由港的国内外实践 / 52

一、新加坡自由港的成功经验及其借鉴 / 52
（一）全面建设开放的经济体制 / 53
（二）持续深化自由港基础服务建设 / 56
（三）积极培养自由港建设管理人才 / 58
（四）着力打造高效廉洁的公务员队伍体系 / 59
（五）不断完善自由贸易法律体系 / 60

二、阿联酋迪拜自由港的成功经验及其借鉴 / 61
（一）迪拜简介 / 61
（二）迪拜自由港的发展概况 / 62
（三）迪拜自由港的主要特点 / 68
（四）迪拜自由港的成功经验与启示 / 70

三、荷兰鹿特丹自由港的成功经验及其借鉴 / 72
（一）鹿特丹自由港的发展历程 / 73

(二) 鹿特丹自由港的发展现状 / 75

(三) 鹿特丹自由港的特色经验 / 77

(四) 鹿特丹自由港的战略启示 / 82

四、韩国釜山自由港的成功经验及其借鉴 / 83

(一) 釜山港的主要优势 / 83

(二) 釜山港的典型做法 / 85

(三) 釜山港的建设经验启示 / 90

五、德国汉堡自由港的成功经验及其借鉴 / 95

(一) 汉堡自由港的基本情况 / 95

(二) 汉堡自由港的主要做法 / 99

(三) 汉堡自由港的经验启示 / 105

六、中国香港自由港的成功经验及其借鉴 / 108

(一) 中国香港自由港的发展概况 / 108

(二) 中国香港自由港的主要特点 / 111

(三) 中国香港自由港的成功经验及其借鉴 / 117

## 第四章　自由港的国内探索 / 122

一、改革开放初期我国对开放型经济理论与实践探索 / 122

(一) 改革开放初期我国开放型经济理论的产生与发展 / 123

(二) 改革开放初期我国开放型经济的实践探索 / 126

二、建设保税区推进贸易便利化的探索实践 / 132
   （一）中国保税区的概念 / 133
   （二）中国保税区的发展演进 / 134
   （三）中国保税区的发展与创新 / 139

三、境内外合作项目的探索实践 / 142
   （一）苏州工业园区：中外合作开发的开放性
　　　 探索 / 142
   （二）台商投资区：境外资金投资管理体制改革的
　　　 尝试 / 145

四、自由贸易试验区全面深化投资贸易自由化的
　　探索实践 / 150
   （一）自由贸易试验区深化投资自由化的探索
　　　 实践 / 151
   （二）自由贸易试验区深化贸易便利化的探索
　　　 实践 / 155

五、改革开放以来我国沿海港口城市开放发展的
　　探索实践 / 158
   （一）现代港口城市的特性 / 159
   （二）改革开放以来我国沿海港口城市开放建设
　　　 情况 / 162
   （三）我国港口城市开放发展经验对建设自由港的
　　　 启示 / 165

## 第五章　自由港的趋势展望 / 168

一、自由港的国际展望 / 168

（一）世界自由港的演化历程 / 168

（二）世界自由港的演化趋势及展望 / 174

二、我国自由港的发展展望 / 179

（一）区域分布上：逐步从东部沿海地区向中西部地区扩散 / 180

（二）战略布局上：依托综合保税区打造陆上自由港 / 182

（三）功能定位上：逐步从单一型往复合型自由贸易港发展 / 185

（四）合作模式上：出现越来越多的港口联盟的形式 / 186

（五）内涵要义上：从区港联动到港产城一体化融合发展 / 189

# 第六章　自由港建设的制度保障 / 191

一、自由港建设的海关制度保障 / 191

（一）自由港的关税制度保障 / 192

（二）自由港的海关管理制度保障 / 196

二、自由港的金融法制保障 / 199

（一）金融法制保障的基本原则 / 199

（二）金融法制保障制度的主要内容 / 200

三、自由港的知识产权制度保障 / 205

（一）行政保障 / 205

（二）司法保障 / 210

（三）公共保障 / 212

四、自由港的环境保护法律制度创新 / 213
　　（一）建设自由港将给环境保护带来新的挑战 / 213
　　（二）建设自由港对环境保护工作的新要求 / 215
　　（三）建设自由港的环境保护制度完善方向 / 217

五、自由港的容错纠错机制保障 / 219
　　（一）容错机制的构建 / 220
　　（二）纠错机制的构建 / 222
　　（三）容错纠错程序的构建 / 223

**参考文献** / 225
**后记** / 232

# 第一章
# 自由港的产生

党的十九大报告明确提出要"赋予自由贸易试验区更大改革自主权，探索建设自由贸易港"，这将成为中国深化改革开放的又一大着力点。自由贸易港，简称为"自由港"，又常常被称作"自由口岸"，是指全部或绝大多数的外国商品无论是进出港口，或者是在港口内装卸、长期储存、包装、买卖抑或是加工制造，原则上都不征收关税。只有将货物转移到自由港所在国关税国境之内的消费者手中才需要缴纳关税。因此可以说，自由港属于特殊经济区中的一种，不属于任何一国海关管辖，外国商品可以自由免税的进出港口，但需要遵守主权国家有关卫生、移民以及治安等方面的法规规定。

# 一、自由港的内涵、分布及主要特征

## （一）自由港的概念

自由港（Free Port），全称"自由贸易港"，又称"自由口岸"，是指一个国家在其国境之内、关境之外划出的允许境外货物、资金、人员等要素自由出入的一个特殊经济区域。在这一特殊经济区域内，全部或绝大部分的外国商品在遵守所在国相关政策法规的前提下，可以自由进出、装卸、长期储存、包装、销售或者是加工制造，既无须缴纳关税，也无须履行其他复杂的海关监管手续。这一概念主要包括两个核心要件："境内关外"和"自由出入"。

## （二）自由港的国际分布

作为一种古老的贸易促进政策工具，自由港兴起于欧洲，扩散于欧洲，是商品经济和海关关税制度不断发展的产物，并随着国际贸易自由化的发展而不断向前发展。早在古希腊腓尼基时期（公元前1101年—公元241年），为了扩大贸易往来，地中海沿岸就出现了一些允许外国商人自由通行的港口，如泰尔等，这普遍被认为是自由港的雏形。1547年，为了打破封建束缚，促进商品自由贸易，位于热那亚湾著名港口城市——里窝那城的雷格亨港（Leghoyn）正式定名为雷格亨自由港，这标志着世界上第一个以"贸易自由"为基本特征的真正意义的自由港的诞生。① 受此影响，欧洲其他一些国家的港口城市也随之纷纷效仿，不断开辟建立自由港，并伴随着帝国主义的殖民扩张出现在亚洲、非洲等的殖民地或附属国。为了改变第一次世界大战导致的国际贸易地位不断下降的被动局面，以美国为首的美洲国家在第一次世界大战后亦逐渐开始开辟建立自由港。目前，随着国际经济关系的不断紧密，随着发展中国家实力的不断增强，兴办自由港的热潮从欧洲、美洲扩大至了全世界，自由港的数量越来越多。据统计，全世界已经近千余自由港②，其中大部分位于海运历史悠久、市场机制比较完善的发达国家或地区。中国目前除了香港和澳门之外，内地地区暂时还未设立符合国际惯例的真正意义上的自由港。国际上较为成熟的自由港代表如表1-1所示。

表1-1　　　　　国际上较为成熟的自由港代表

| 地　　区 | 国别 | 自由港名称 |
| --- | --- | --- |
| 欧洲 | 德国 | 汉堡自由港 |
|  |  | 不来梅自由港 |
|  | 荷兰 | 鹿特丹自由港 |
|  |  | 史基浦自由港 |
|  | 爱尔兰 | 香农自由港 |
|  | 丹麦 | 哥本哈根自由港 |
|  | 直布罗陀 | 直布罗陀自由港 |

---

① 李金珊、胡凤乔. 国际关系体系下欧洲关税制度的变迁与自由港功能形态的演化 [J]. 浙江大学学报（人文社会科学版），2014（11）.
② 马晓燕. 内陆自由港发展模式研究 [J]. 改革与战略，2011（1）.

续表

| 地　　区 | 国别 | 自由港名称 |
|---|---|---|
| 美洲 | 美国 | "美式"自由港 |
| 亚洲 | 中国 | 香港自由港 |
| | | 澳门自由港 |
| | 新加坡 | 新加坡自由港 |
| | 韩国 | 釜山自由港 |
| | 俄罗斯 | 远东自由港（含符拉迪沃斯托克自由港、科尔萨科夫自由港、瓦尼诺自由港、彼得罗巴甫洛夫斯克自由港和佩韦克自由港5个） |
| 非洲 | 吉布提 | 吉布提自由港 |
| | 肯尼亚 | 蒙巴萨自由港 |
| 中东 | 阿联酋 | 迪拜自由港 |

## （三）自由港的主要特征

### 1. 战略目标的特殊性

自由港的"自由"并不是完全的、绝对的自由，而是服务于国家整体战略的自由。从诞生开始，自由港的每一步发展都是特定时期一个国家整体战略目标的体现。从促进贸易发展、开辟世界市场，到吸引外资技术、调整产业结构，再到促进全球经济一体化、提升国家经济竞争力，每一特定历史阶段的国家整体战略目标都直接促使了自由港的产生与发展。

## 2. 功能区域的限定性

功能区域的限定性主要是指自由港的"境内关外"性质。其中,"境内"即"国境之内",说明自由港从地理范畴来看,属于一个国家的部分领土;"关外"即"关境之外",说明自由港从行政监管来看,处于一个国家海关管理关卡之外,是"海关管辖区之外"的特殊区域,外国商品在自由港内可以不交税、不报关,无须履行复杂的海关监管程序,外国商品只有在从自由港进入所在国关税区时才需缴纳关税,并履行其他相关海关监管手续。只有明确了自由港功能区域方面的这一限定性,才能有效地区分一个国家的自由港区域和非自由港区域,才能有效地凸显自由港区域独特的贸易、投资、金融等方面政策,否则容易造成界限不清晰,或出现一些"灰色地带",既不利于一国主体经济的健康有序发展,也不利于自由港的长久稳定运营。

## 3. 空间布局的多位性

空间布局的多位性主要是针对自由港的位置选择而言的。总体而言,自由港的建立地域应至少具备以下三大区位优势:一是对外贸易活跃,外贸货物数量较大;二是交通基础设施完善,国际航线交会多,集疏运条件优越,能满足航运业的各类要求;三是容易设置关卡,以便进行隔离管理。具备了这些优势,自由港在空间布局上则存在多位性,可以是海港,也可以是陆港,还可以是空港。纵观世界自由港的发展历程,其空间布局存在一个逐步演化的过程。最早的自由港依海而生，由海而兴，主要是一些海港，也正是基于此，自由港最初的意思即自由码头，也就是海港内用栅栏与其他区域隔开的码头区域。沿海港口占了自由港的大部分，但是随着国际贸易和国际物流的不断发展，自由港逐渐突破了海港这一空间布局限制，实现了由沿海港口向内陆腹地的延伸，出现了一些陆港、空港、陆空综合港、海空综合港等，地址的选择空间越来越广阔。比如，著名的内陆国瑞士就建立了20多个陆港自由港，爱尔兰的香农自由港和荷兰的斯希普霍尔（又译：史基浦）自由港就是世界著名的空港自由港，其都是通过航空运输、保税物流等功能使原先只能用于海港的自由港制度设计延伸到了内陆。

**4. 功能定位的多维性**

纵观世界自由港的发展历程，自由港的功能定位不断提升，经历了一个由单一功能向多维功能转变的过程。第二次世界大战前，自由港的功能定位相对单一，主要是利用沿海港口的地理优势，将本地市场和海外市场联通，在国际贸易中发挥"运输枢纽"或"集散中心"的功能，从事转口贸易或转运业务，提升贸易的自由度和便利度。20世纪40年代至80年代末，自由港虽然扩展缓慢，但其功能定位明显升级，新增了"加工制造"的功能，从事加工出口业务，即对来港货物进行简单再加工，从而实现工业品的再输出，这不仅有效地解决了广大发展中国家或地区的就业问题，更为其吸引了资金、人才、技术，促进了其产业结构的调整合优化。20世纪80年代末以后，随着信息技术的不断发展，自由港的工业性与商业性逐步融合，其功能定位由货物贸易为主转向货物贸易与服务贸易兼顾，一方面发挥转口贸易、临港工业等货物贸易功能，另一方面开展金融服务、保险服务、旅游服务、文娱服务、劳务服务、信息服务等服务贸易功能，实现了自由港功能的多样化和综合性。例如，经过100多年的发展，中国香港自由港逐步由1840年被英国侵占时单一的转口贸易港发展成为如今功能结构多元化的自由港。目前，一些地区甚至还着力将自由港发展与产业发展有机结合，将自由港打造成了各类产业聚集基地。比如，阿联酋迪拜自由港就已打造成为了旅游、珠宝、汽车、媒体等各类产业聚集地。

### 5. 组织形式的联动性

早期的自由港，从组织形式上看，主要属于自由港区，即非关税地区仅包括港口指定区域或扩大至其所在城市的部分区域，外商不能自由居留，比如德国汉堡自由港和丹麦哥本哈根自由港便是典型的自由港区。从20世纪80年代开始，自由港不再局限于单一的港口界定，逐渐重视与其所在城市之间的融合发展，将开放、自由、高效的发展理念外溢至其所在城市管理体系中，形成集自由港功能与城市功能于一体的自由港市。在自由港市，港口及其所在城市全部区域都被划为非关税地区，外商可自由居留并从事有关业务，所有居民和旅客都可享受关税优惠，比如中国香港自由港、新加坡自由港便是典型的自由港市。在自由港市的基础上，还可以以国际航线联通国际城市交往网络，形成自由港城市联盟。自由港城市联盟之间在通关监管、外资准入、跨境结算等各类制度上的匹配度和相通性大大高于所在国之间制度的匹配度和相通性。从自由港区到自由港市再到自由港城市联盟，这种组织上的联动性体现了自由港是一种能够有效地实现以港口带动腹地、以点带面的区域融合发展战略。

**6. 资源配置的便捷性**

自由港营运的业务对象范围广泛，包括商品、资金、技术、人才、信息等有形商品和无形商品，允许在发展离岸贸易的基础上，进一步开放高端服务业，发展离岸金融等相关业务。无论是货物贸易，还是服务贸易，自由港都能实现实物流、资金流、信息流等的迅速聚集、扩散，资源配置既方便又快捷，效率极高。就货物贸易而言，一方面要求尽量简化行政审批流程，所有在自由港内备案注册的企业，除对少数重点类型、重点货物实行抽检制度外，其他货物都不需要进行检查和审核，通关极为快速；另一方面要求建设较为完备的港口基础设施，形成高效的海陆空物流网络体系，以便区内企业快速连通世界市场。就服务贸易而言，首先，在人员流动方面，要求为跨境务工人员出入境和停居留提供更大便利，允许人员自由出入，并建立高效的人才签证制度；其次，在资金流动方面，要求调整税收优惠政策，大幅降低自由港内备案注册企业的所得税税率，同时放宽外汇管制，改善外汇管理方式，在可控范围内尽可能提高金融便利度，建立较为宽松的货币兑换机制及较为完善的融资租赁体系，提升跨境业务结算效率，也确保充足的外资来源。

**7. 政策环境的优惠性**

根据贸易管制程度，自由港一般分为两种，即完全自由港和有限自由港。相对于完全自由港而言，有限自由港对少数特定种类的商品仍予以征收关税，或予以海关监管。一般来说，世界上绝大部分自由港都属于有限自由港。但作为"一线放开""二线管住"的高度独立的"境内关外"区域，相对于一般港口而言，自由港可以享有在关税、金融等诸多方面有利于贸易经济发展的更加开放、更加灵活的优惠政策。例如，新加坡自由港在无条件准入、港内免证免审、登记式备案等方面都体现了全球最自由、最开放的政策，是最符合国际惯例、发展最为成熟的自由港之一。

## 二、自由港的历史嬗变

纵观世界自由港的代际演化过程，自由港的发展演变可以分为三个阶段。

### （一）第一阶段：第二次世界大战以前

自由港，是商品经济与对外贸易发展到一定阶段的产物。早在公元前 12 世纪腓尼基鼎盛时期，就出现了自由港的雏形。当时腓尼基人为了商品的顺畅流通，扩大贸易往来，为商人们的自由通行提供保障，这一做法也被希腊和罗马帝国一些城市效仿。但这种雏形并非严格意义上的自由港。这种自由港只提供了"自由通行"，对自由港特质中的"免关税"并未有所体现。这也与当时古代欧洲在地中海沿岸尚未实施普遍关税制度有关。因而，当时的自由港只能是自由港的雏形。

现代意义上的自由港产生于 16 世纪的欧洲。作为初级阶段的自由港，依海而生，并伴随着海运的兴盛而发展。初期的自由港是指自由码头，即在海港内与其他区域隔开的码头区域。1547 年意大利西北部托斯卡纳地区小城里窝那（Lirono）的雷格亨（Leghoyn）自由港是历史上第一个有史可查的自由港。雷格亨自由港地处热那亚湾，是连接远东、近东和欧洲间贸易交往的枢纽，商品经济极为发达，是地中海沿岸经济繁荣区域。当时欧洲自然经济逐渐瓦解，封建领主力量不断削弱，商品经济关系集聚发展，商业资产阶级力量不断增强。但割据的封建海关模式严重阻碍贸易活动的开展，为了打破海关对商品经济发展的束缚，里窝那的商人发起了小范围的贸易自由化，他们从封建地主手中获取城区的自治权后，便在港口实行为各地船只往来提供方便和安全的同时免征进出口货物关税，使得外国货物无须缴纳任何赋税自由进出港口区域。雷格亨自由港体现了现代自由港的基本特征——"关税豁免"和"贸易通行自由"，尽管其功能相对简单，只局限于单纯的转口贸易活动，并未有太多附加功能与利益，但发挥了

"自由通行"和"免关税"的作用，扩大对外贸易的有效形式，使得当时欧洲新兴资产者能突破封建关税束缚，极大推动商品流通与国际贸易的发展。

由于当时重商主义开始为西欧各国所接受，因而推动对外贸易的自由港的形式受到更多开放城市的欢迎。意大利南部的那不勒斯（Naples）和东北部的威尼斯（Venice）、法国海港城市马赛（Marseille）也先后开辟了自由港。这种推动贸易自由的模式快速从地中海沿岸转向北海和波罗的海沿岸区域，自由港所在的城市也逐渐成为当时欧洲的商业重镇。17世纪后，随着资本主义经济的全球扩张，自由港作为重要的国际贸易政策工具，被处于上升期的资本主义国家所用。当时的西欧国家，如葡萄牙、法国、英国等，在当时的国际贸易中处于优势地位，纷纷将其沿海的著名港口，如葡萄牙的波尔多、法国的敦刻尔克、丹麦的哥本哈根、德国的汉堡和不莱梅等，先后开辟成为自由港，或划出特定区域设为自由贸易区。这些自由港，是欧洲国家为了发展转口贸易，扩大和活跃对外贸易而主动采取的自由贸易政策的港口，是属于最低级别的单一功能的贸易型自由港。它的主要目的是充分利用港口优势和自由贸易政策，发挥疏通贸易渠道和商品集散中心作用，促进地区商品经济的发展和对外贸易，扩大商品输出，加速本地区经济发展。值得注意的是，这一时期贸易思潮不仅有扩大贸易的重商主义，保护幼稚工业理论也受到后兴起的资本主义国家所接受，因而自由港的形式，不仅有自由贸易主义潮流的响应，也有贸易保护主义中的逆流。如自1879年起，尽管德国贸易政策转向贸易保护主义,但汉堡仍在德意志帝国关税区外保留了一个"自由港"的权利,并在1988年10月正式开港①。自由港的存在也使得汉堡港在当时世界贸易中存在较强的竞争力。

由于自由港在世界贸易中具有较强的竞争力,殖民国家纷纷将其在亚非的殖民地和附属国中的重要港口开辟为自由港。凭借优越的地理位置,这些自由港成为重要的贸易中转港,并成为宗主国全球商品贸易网络中的节点,为宗主国提供服务。位于地中海沿岸的直布罗陀,在1704年被英国占领后开辟成为自由港,成为最早的殖民地自由港。但此时的自由港发展仍在欧洲和地中海一带,分布范围有限。到19世纪末20世纪初,随着殖民主义的扩张,越来越多的殖民地和附属国港口被开辟为自由港,如丹吉尔、休达、梅利利亚、亚丁、吉布提等,自由港也从地中海向非洲、远东、近东和加勒比海一带展开。在亚洲的新加坡和中国香港,分别是在1819年和1841年由英帝国在远东开辟的两个重要的自由港。

第一次世界大战之后,超贸易保护主义盛行,许多国家一方面提高进口关税,并通过许可证及外汇管制设立贸易壁垒;另一方面也鼓励出口,采取各种奖出限入的措施。这种国际贸易政策,不利于自由港在欧洲国家的产生,却催生了其在国际贸易原材料产地或市场的区域登陆。当时的美国为了扭转在国际贸易中

---

① 李金珊;胡凤乔. 国际关系体系下欧洲关税制度的变迁与自由港功能形态的演化[J]. 浙江大学学报(人文社会科学版),2014(10):85-97.

地位下降的被动局面，在1936年开设了第一个对外贸易区，到1950年间投入运营了五个对外贸易区，分别设在纽约、莫比尔、新奥尔良、旧金山、西雅图等美国重要海港城市，主要从事转口贸易活动，因而国外有学者将美国的对外贸易区称为"美国式自由港"[①]。

可以说，在第二次世界大战前的第一代自由港，功能、形态和分布状况均较为单一，自由港多建立在商业城市，为贸易型自由港，即利用港口优越的地理位置和港口条件从事转口贸易，发挥着国际贸易中"运输枢纽"的功能，将运输与贸易相结合，打通国内外市场的直接连通，提升国际贸易的自由度和便利度。据不完全统计，第一阶段的自由港实际上设立了50个左右，其中大部分在18世纪至19世纪设立。但由于自由港政策往往只围绕着过往船只货物的进出口提供豁免征收关税的优惠，尽管后期第一代自由港也逐渐增添了储存、改装、商展、简单加工等业务，但也局限在为转口贸易服务的范围，自由港作为转口贸易的功能未能实现突破。

### （二）第二阶段：第二次世界大战后到20世纪70年代

第二次世界大战后，帝国主义殖民体系崩溃，欧洲的资本主

---

[①] 胡凤乔、李金珊. 从自由港代际演化看"一带一路"倡议下的第四代自由港发展趋势 [J]. 社会科学家, 2016 (5): 95-99.

义国家衰落，广大殖民地和半殖民地国家纷纷独立。以美国为首的资本主义国家在反思战前国际经济秩序时认为，20世纪20年代中期之后建立的以邻为壑的贸易政策是20世纪30年代经济大危机的重要原因之一。1944年英、美等国建立了国际货币基金组织和国际复兴开发银行，1945年美国又提出了建立新的贸易体制，包括削减关税、消除贸易壁垒、取消数量限制和外汇管制等措施，推动贸易自由化和全球经济一体化。1947年旨在削减关税和其他贸易壁垒推动国家贸易自由化的《关税及贸易总协定》签订，协调简化各国海关手续，提高海关效率推动国际贸易便利化的海关合作理事会也在1952年诞生，这些反思为后期自由港的发展创造了良好的国际环境及国际制度保障。此外，当时的发达国家与发展中国家均实施了自由贸易政策，自由贸易政策从一国政府行为演变为国际经济组织的集体行为，各主要国家除了大幅度降低关税和非关税壁垒，还积极加入关税及贸易总协定（GATT）或世界贸易组织（WTO），推动了世界贸易的发展。

　　一些走向独立的殖民地、半殖民地国家也借机纷纷发展民族经济，采取适应本地经济状况的外贸政策推动经济发展。利用自由港的某些政策开展对外经济活动，是当时一种较为普遍的现象。当时脱离了宗主国独立发展的发展中国家迫切需要加强自身的经济发展，寻求经济与政治上的独立，但受制于国内市场的狭小与资金不足，国内又缺乏发展独立工业体系的自然资源和重工业基础，于是利用低廉的劳动力和低价的生产要素，积极发展出口加工区，参与国际分工。

进入20世纪60年代后，随着第三次科技革命的发展变化，西方国家进入工业转型期，开始将劳动密集型产业转移到海外。大量发展中国家属于工业后发达区域，凭借低廉的要素价格，可以承接西方国家的产业转移，参与国际分工，从加工制造业中获得发展。而开放的自由港，在出口导向型政策的指引下，凭借货物的进出口自由，外汇管制的放松，水陆交通的便利，港口仓库设施的先进的优势，都成为发展中国家承接产业转移的先锋。而自由港也为发展中国家创造了就业机会和发展工业制成品的出口，当时的中国香港、中国台湾就是这一时期自由港转型的典型例子。

除了发展中国家利用出口加工区实现国内产业结构转变和经济的快速增长，一些发达国家也在自由港区内增设工业区，以防止国内就业岗位的大量流失。以美国为例，1950年美国国会通过了博格斯修正案，准许对外贸易区进行"制造"活动和"展示"活动，提升了对外贸易区的吸引力和竞争力[1]。一些大型制造业企业也被授权设立对外贸易区分区，使得他们不用迁移就可以获得对外贸易区的优惠政策。

此外，这一时期的自由港，凭借着信息技术的发展，海运运输、港口管理及海关监管也逐渐走向现代化与信息化，港口效率和海关效率大大提高，进一步推动了贸易便利化。当集装箱运输成为运输主流后，汉堡、新加坡等自由港纷纷进行技术提升，在

---

[1] 胡凤乔、李金珊. 从自由港代际演化看"一带一路"倡议下的第四代自由港发展趋势 [J]. 社会科学家, 2016 (5): 95-99.

码头建立起先进的集装箱装卸码头。提升了自由港的港口运作效率。随着国际贸易与国际物流的发展，无水港作为港口腹地扩展及空间扩展的工具出现在内陆区域，实现了自由港从沿海向内陆延伸。由于无水港可提供货物收发、拼装、清关、过境运输等服务，使得自由港政策得以在无水港区域延续和实施，因而受到经济发达、又有大量外贸需求的内陆经济发达区域青睐。而航空运输与保税物流，也使得自由港的选址脱离了地理的束缚，空间选择上更为广阔，但对场地和交通运输网络有更高的要求。新型的内陆自由港选址开始考虑有效的市场需求，内陆区域生产消费中心和交通枢纽的机场附近成为无水港的首选。同时，无水港的发展又带动了海港、空港口岸的保税物流的发展及交通运输网络的完善。

可以说，这个阶段的自由港，随着出口加工区的发展，区位出现延伸，从港口码头向港口腹地延伸，突破了海港的空间限制，向陆港型与空港型自由港发展；功能上增加了"工业制造"这一增值性较高的功能，内涵和形态也更加丰富，从内涵上看，自由港的服务功能也日益突出。随着制造业的发展，与制造业相配套的旅游业服务、国际物流服务、离岸金融服务等各种服务业也加速发展，码头集装箱化速度提升，自由港的功能体系进一步完善丰富，推动了自由港的服务贸易自由化。从形态上看，贸易型自由港与工业型出口相互融合，并逐渐向贸易、工业、科技及服务综合型自由港发展。

## （三）第三阶段：20世纪80年代至今

第三代自由港形成于20世纪80年代以后。自由港功能在传统转口贸易的基础上趋向综合。其作业范围向运输装卸、工业功能、商业功能、信息功能等领域延伸，除了调配、集散有形商品外，还提供信息服务等无形商品；同时形成服务于自由港业务的国际物流中心、国际贸易服务中心，联结内陆腹地，实现与港口城市融合发展。

伴随着经济全球化迅猛发展，经济活动超越国家界限，对外贸易、资本流动、技术转移等将全球范围联结成一个有机整体。越来越多的国家建立了市场机制，疏通了商品流通渠道。同时，接轨国际，广泛参与国际分工和交换。科技发展带动世界经济快速增长，信息技术的广泛应用和经济信息广泛传播，促进了国际生产和营销网络的形成。美国、日本、欧洲等发达国家利用其经济发展优势和竞争优势，寻求生产全球布局，从而带动新一轮全球产业结构调整，推动海外投资继续扩张。同时，新兴工业化国家和地区，特别是中国香港、中国台湾、新加坡和韩国为了适应国际竞争和发挥比较优势，实现产业结构升级，也纷纷加入到海外投资的行列，这些都积极地促进了经济全球化发展。

与此同时，贸易保护主义重新抬头。经济集团化、区域化发展趋势的加强也进一步导致贸易保护主义，严重地恶化了国际经济和贸易发展环境。其中以美国最为典型。20世纪80年代以来，

# 中国自由贸易港探索与启航——全面开放新格局下的新坐标
Exploration and Sail on China's Free Trade Port: New Coordinate under The New Ground in Pursuing Opening Up on All Fronts

滞胀困扰美国经济，美国历届政府通过"贸易政策行动计划""自由和公平贸易""特别301条款"等强硬的战略贸易政策，推行保护贸易。贸易保护主义导致对外贸易摩擦不断，严重地影响了国际经济和贸易的全球化发展。

面对经济贸易全球化发展和贸易保护主义重来，20世纪80年代后全球对兴办自由港式的自由区的兴趣开始回归。为了冲破贸易保护，通畅转口贸易和对外贸易，带动本国或本地区的经济贸易发展，自由港迎来了新一阶段的发展，也就是自由港发展的第三阶段。到80年代中期，全球自由港数量增长到629个，分布在86个国家和地区（大洋洲除外），其中亚洲有161个，非洲有126个，欧洲有125个，美洲有217个。

第三代自由港带动了产业集聚。第一代自由港作为转口贸易枢纽延伸到仓储服务；第二代自由港以转口贸易为核心环节向工业、商业等增值服务延伸；第三代自由港依托转口贸易，促进产业集聚，多功能平台呈现。自由港充分利用交通枢纽、市场集中等形成指向性集聚。港口的交通枢纽地位结合市场集中发展带动了产业高度集聚，进而发展出各类专业特色突出的自由区。迪拜的海港杰贝阿里的自由区、空港迪拜机场自由区已经成长为迪拜珠宝城、迪拜汽车城、迪拜五金城等特色突出、专业性强的自由区。

第三代自由港成为多功能国际物流中心。自由港的"自由"政策辐射相关联的金融、保险、旅游、信息服务等领域，延伸出港口服务、物流集散、航运、金融、法律及港口社区服务等新增

"综合服务功能",服务功能多,服务增值大。

随着产业的全球布局,全球性生产与消费的供应链中,第三代港口在其中发挥的作用越来越关键。全球再生产过程发生重大转变,原料供应、产品生产消费等分散到世界各地,实现了分工生产再集中装配。这种再生产模式促进了全球资源配置和全球市场的发展,对自由港吞吐货物的结构及相关增值服务带来积极影响。一方面,大宗原材料等低值高重量货物占物流总量的比重下降;另一方面,零部件、仪器、电子产品等高附加值低重量的货物占物流总量的比重上升。

第三代自由港依托信息技术,逐步形成以港口为核心,全球贸易信息和物流信息综合运筹的资源配置中心。20世纪60年代第五次信息技术革命以来,电子计算机的普及应用及计算机与现代通信技术的有机结合成就了信息化变革。随着信息化在全球的快速普及,世界对信息的需求在数量上和规模上同时扩张,信息技术无形地支撑着当今经济活动和社会生活。

自由港使全球产品、资金、技术和人才等生产要素几乎实现无障碍快速流通,强化信息港功能,港城融合发展。基于陆、水、空等货物运输方式,自由港业务半径向腹地延伸,港口与腹地城市之间自由、开放、高效的综合性功能网络逐步形成,促成了自由港功能与城市功能融合发展。当前,已经实现港城一体化的主要有中国香港和新加坡。

## （四）自由港演变历史的规律总结

### 1. 区位因素在自由港演变历史中始终起着非常重要的作用

区位因素是指促使区位地理特性、功能的形成、变化的原因或条件。大多数国家和地区的自由港位于海陆空运输方式的交汇点，区位优势决定着自由港发展的基础。同时，自由港区多处于外贸货物流量大、航线多、辐射区域广、腹地经济以外向型主导的港口，不但是国际物流的节点，还是区内外联动的枢纽。自由港三阶段的发展、演进规律过程表明，区位因素始终是自由港演变历史规律的基础。传统意义的港口是水陆交通枢纽，如今自由港实现了物流综合服务，物流、金融流、信息流等全面大流通，国际集装箱、"门到门"多式联运为主导的现代综合运输体系。成为全球经济贸易大发展的支撑，是国际大流通体系的一部分。自由港的战略区位中心作用日渐形成。拥有区位优势的自由港在物流中的核心与枢纽地位凸显出来。

纵观中国香港、新加坡、鹿特丹等地自由港历史发展过程，区位因素始终起到非常重要作用。中国香港港是中国天然良港，为远东的航运中心，是亚洲及世界的航道要冲，也是全球供应链上的主要枢纽港。新加坡港地处太平洋到印度洋、亚洲到大洋洲的"十字路口"，是亚洲、欧洲、大洋洲、非洲四大洲的海上交通枢纽，素有"远东十字路口"的雅称，是世界上最繁忙的海港之一。鹿特丹港是欧洲第一大港口，是连接欧洲、美洲、亚洲、非洲、澳洲五大洲的重要港口，素有"欧洲门户"之称，港区水域深广，内河航船可通行无阻，外港深水码头可停泊巨型货轮和超级油轮。

### 2. 服务全方位是自由港演变历史规律的支撑

自由港的历史发展进程以实现港口本身的货物集散功能为基础，基础设施、服务设施良好的硬环境是根本保障，特殊政策和措施、高效率的提供综合服务等优化的软环境是有力支撑。如今，自由港的作业范围逐渐从转口贸易、仓储服务扩展到包括工业、贸易、运输、金融、旅游等多方面的综合服务。自由港已树立起大服务的标杆，各类服务内容无缝联结港口业务的方方面面，大大提高了自由港的综合作业效率和美誉度。服务全方位成为自由港的有力支撑。

纵观中国香港、新加坡、鹿特丹等地自由港历史发展过程，服务全方位是自由港演变历史规律的支撑。中国香港港推行物流"一条龙"＋综合服务模式。亚洲货柜物流中心（ATL）的母公司在中国香港有4个子公司，4个子公司如同一个高效运转的有机整体，将分散的码头装卸、运输、包装等各环节的单一活动串联成"一条龙"，充分发挥整合优势，实现物流服务全面综合、各环节高效畅通。新加坡港执行自由港政策，在港中转货物享受减免仓储费等优惠措施，吸引各国船公司来新加坡港作业或中转，巩固其国际航运中心的地位。港区设3个配送中心：第一个是提供拆拼箱、运输等服务的配送中心；第二个是散货集散中心；第三个是专业汽车转运中心。他们分工合作、集约经营，降低成本的同时提高了作业效率。鹿特丹港推行政府建设和管理+物流链模式。港口基础设施由鹿特丹市政府规划建设，鹿特丹港务管理局对港区设施统一开发。优良的基础设施和高效的专业化管理带动了港区跨行业物流链的形成。鹿特丹港是炼油和化工工业的重要基地，港区拥有4个世界级的精炼厂、30多个化学品和石化企业、4个工业煤气制造商等。食品工业是另一个重要工业，食品公司加工、运输等都可以在港区完成。

### 3. "自由"全覆盖是自由港演变历史规律的核心

纵观世界主要自由港历史发展过程，自由港最鲜明的特色就是"自由"。完全自由港对所有商品进出都实行免税，这种自由港在世界上数量比较少。有限自由港除了对少数指定出口商品征收关税或实施不同程度的贸易限制，其他商品均可享受"自由"流通。自由港大部分位于沿海，凭借其优越的地理位置、优良的港口条件和先进的运输、装卸设施设备，以豁免货物进出口关税和海关监督的"自由"，来吸引外国货船开展转口贸易，提供综合物流服务。同时，依托商品集散中心功能，开展信息、金融等增值服务，增加外汇收入。自由港的"自由"从货物运输延伸到物流服务，辐射到信息、金融等增值服务领域，惠及方方面面。"自由"全覆盖是自由港演变历史规律的核心。

自由港的自由主要体现在税收、海关监管、投资注册、外汇管制等几个方面。税收政策方面，整个中国香港，就是一个自由港，实施零关税政策（酒类、烟草、碳氢油类及甲醇除外）。中国香港税种少、税率低，没有增值税、营业税，境外所得免税。作为一个基本上没有关税的国家，新加坡对所有进口商品免征关税（酒类、烟草（含卷烟）、石油、机动车除外）。海关监管方面，中国香港货物进出口申报手续简单，承运人只需在货物进出口14日内向海关申报即可（免报关商品外）。公司设立和注册方面，中国香港设立企业程序简单，在网上经过3个步骤就可以拿到公司执照，一般1小时内就可获发有关证书。中国香港法律对公司的注册资本金没有限制。在新加坡注册公司操作简单。无论任何国籍，只要年满18岁并提供新加坡注册地址，委任一名新加坡董事、一名当地秘书和4项文件（公司名称、公司章程与细则、身份证明书、公司注册地址及办公时间报告表），即可在3个工作日内完成注册，注册资本最低10万新元。行业准入方面，中国香港给予外国投资者国民待遇。行业准入方面高度放开，理论上没有行业完全禁止私人或外国投资者参与，持股比例不限。但赌博业被严格管制，电讯、广播等少数行业实施有条件准入。新加坡对外资进入没有行业限制（除了国防相关的行业和个别特殊行业外）。极个别设外国投资股权界限。外汇管理方面，在中国香港的企业可使用任何货币进行贸易结算。中国香港对货币交易、资金跨境流动，包括外国投资者的股息或资金的汇出均无限制。新加坡无外汇管制。企业利润可以免费无限制汇出。只要按照银行要求提供相关文件，外资企业可在新加坡自由开立银行账户，并可自由决定贸易结算货币种类。

# 第二章
# 自由港的主要类型

从世界范围内看，自由港一般都具有一定的港口（海港、空港或陆港等）区位优势，设施完善、政策优惠、通关便利、贸易自由等是它们的共同特点。但由于资源禀赋和发展时间等的不同，自由港在功能和形态上又都具有自身明显的差异性。根据其功能、布局、范围、管理模式、物流走向、港口形态等的不同，人们将自由港区进行了多种多样的分类。总体上看，现有的自由港都是在一个动态过程中不断发展演进的，其具体功能、运行方式等都会随着时间的推移而有所调整和变化。因此，本书仍以国内外自由港的主体功能形态作为分类依据，介绍航运中转型、出口加工型和综合资源配置型三类自由港。

## 一、航运中转型自由港

航运中转型自由港的诞生是商品经济和海关关税制度发展到一定阶段的产物。16世纪，欧洲的商品经济已经非常发达，新航路的开辟和新大陆的发现，促进了欧洲资本主义的发展。商业资本发挥出巨大的作用，对内推动欧洲各国国内市场的统一，对外促进世界市场的形成，海关和关税制度也随之产生。为了突破层层盘剥的封建关税制度，保障海上贸易的顺利进行，16~17世纪，航运中转型自由港从欧洲地中海沿岸兴起，并快速风靡至北海和波罗的海地区。此后，随着欧洲列强在美洲、亚洲、非洲的殖民扩张，一些殖民地和半殖民地的重要港口也被开辟为航运中转型自由港。早期的航运中转型自由港功能、形态和分布状况均比较单一，主要是利用港口优越的地理位置和港口条件，从事转口贸易。随着自由港的不断发展，其相关功能也得到了进一步拓展，增加了物流仓储、减免关税及特殊商品优先通关等功能。最终，其发展成为集自由贸易、物流仓储及保税商品展示交易等多种经济功能于一体的港口。航运中转型自由港的设立，对于充分发挥港口城市商品集散中转的综合作用，降低交易成本，建立综合性、国际化的运输、仓储服务体系，从而推动对外贸易和经济的发展起到了重要的作用。

## （一）航运中转型自由港的主要特征

### 1. "境内关外"的开放性

航运中转型自由港具有"境内关外"的开放性特征。国际惯例对"境内关外"一词的解释可参见 1973 年国际海关合作理事会于日本东京签订的"京都公约"，其中"F.1. 关于自由区的附约"规定：自由港、自由贸易区等国际通行的开放区域模式均可统称为"自由区"，"自由区系指一国的部分领土，在这部分领土内运入的任何货物就进口税及其他各种税而言，被认为在关境以外，并免于实施惯常的海关监管制度"[①]。根据上述定义，自由区包含三个核心要件：一是"一国的部分领土"，即"境内"；二是"在关境以外"，即"关外"；三是"免于实施惯常的海关监管制度"。可见，航运中转型自由港的最大特征是具有"境内关外"的开放性条件，并实施非惯常的海关监管制度。在航运中转型自由港，转口贸易的商品货物可自由地进入港区或自由地运往境外，进出时只需要向海关备案即可，不需要复杂的海关手续，也不受关税的限制。自由港区内商品进口、存放、加工、展销、再出口均不缴纳关税，不受配额限制，不受外汇管制。出口商品享有与进口商品同样的、完全自由的优惠待遇。

---

① 窦萍. 从保税区到自由港——上海保税功能能级提升研究 [D]. 华东师范大学硕士论文, 2006.5：10.

## 2. 地理位置的优越性

在德文、瑞典文和丹麦文中，自由港的原意都是自由码头，即指海港内用栅栏与其他地区隔开的码头区域[①]。由于受到地理环境和技术水平的限制，从 15 ~ 19 世纪末，海洋运输都是连通世界各大洲的主要交通方式。航运中转型自由港依海而生，由海而兴。1547 年，世界上第一个航运中转型自由港（雷格亨自由港）诞生在欧洲地中海沿岸热那亚湾的里窝那城。热那亚湾是联结远东、近东和欧洲地区之间贸易交往的重要枢纽，有着许多新兴的商业城市，商品经济极为发达，是地中海沿岸的经济繁荣区。此后，开辟自由港之风从欧洲刮向美洲、亚洲等地，并迅速地在许多国家的港口城市风行起来。这些区域之所以能够发展成为航运中转型自由港，与其优越的地理位置及较为发达的经济发展水平是紧密相连的。同时，由于航运中转型自由港是"海关管辖区之外"的特殊管理区域，这也就要求其地理位置必须选择在海港、内河港、航空港等具有地理优势的地方。这一方面有利于最大程度地便利于对外贸易；另一方面也有利于设置关卡或其他设施，从而与其他海关区域进行隔离管理。

## 3. 通行自由的便利性

航运中转型自由港是设在国家与地区境内、海关管理关卡之

---

[①] 胡凤乔. 世界自由港演化与制度研究 [D]. 浙江大学博士论文, 2016: 55.

外的港口区，它的一个重要特征是在海关监管、货物流转、进出口管制等方面有着高度的开放性，允许境外货物、人员、资金自由进出自由港。具体来说，航运中转型自由港建设的一般规则如下：第一，按国家规定能够进出口的商品和货物均可自由出入自由港，进出或转运的商品和货物在自由港内装卸、转船和储存不受海关限制。第二，进驻自由港的企业享有充分的经济自由，在注册和日常运营等方面可享受一定的优惠政策；个人可以自由地进出自由港。第三，运输工具进出自由港不受海关限制，船只从海上进入或驶离港口时都无须向海关结关。第四，对自由港区内的金融、物流、仓储、展销等服务业放松管制。

### 4. 优惠政策的优势性

航运中转型自由港具有的"境内关外"的开放性特征，决定了其可以享有诸多优惠政策，拥有自由港的国家或地区一般会在海关、税收、外汇管理、出入境手续等方面制定一套与现行法律不同的、适合自由港的特殊办法。由于目前拥有航运中转型自由港的国家或地区各自的经济条件不同，经济发展水平存在差距，对港口开放程度的认识也不相一致，各国自由港政策的自由化程度高低不同。但相对于一般港口而言，"自由港"仍然意味着具有诸多有利于经济贸易的优惠政策。

### 5. 服务于国家整体战略

早期的航运中转型自由港是欧洲国家为了发展转口贸易，扩大和活跃对外贸易而主动把一些沿海港口开辟为自由港。其目的是借助这些港口城市优越的地理位置和发展国际贸易的有利条件，免除进出口关税，吸引外国商船，扩大转口贸易，发挥商品集散中心的作用，以促进当地经济的发展。从18世纪开始，欧洲贸易大国把一些被征服了的殖民地和附属国的港口开辟为自由港。利用殖民地自由港优越的地理位置，培育帝国主义全球商品贸易网络中的节点，掠夺殖民地和半殖民地的资源，从而为宗主国利益服务。可见，航运中转型自由港从诞生初期开始，它的产生与发展都是国家整体战略目标的体现。自由港由所在国政府管辖，自由港主管机构必须对政府负责，代表国家行使管理职能。因此，自由港的立法、管理以及其他经济职能的行使，体现的都是一种国家行为。

## （二）航运中转型自由港的主要功能

### 1. 转口贸易功能

航运中转型自由港的一个突出功能和作用就在于利用其优越的地理位置和良好的港口优势进行转口贸易，国际、国内货物可以在自由港内进行分拆、集拼，转运至境内外其他目的港。自由港的政策就是围绕着为过往船只的货物进出口提供豁免征收关税的优待而制定的。如早期的中国香港自由港，转口贸易是其主要的经济命脉，几乎所有的行业都与转口贸易有着直接或间接的关系，整个香港经济都是以转口贸易为轴心而运转。航运中转型自由港内普遍允许多种贸易方式的开展，如商品展示、进出口贸易、转口贸易、过境贸易等，并开展诸如储存、改装、商展、简单加工装配等多项业务，但这些业务也都是限制在为转口服务的范围内。转口贸易功能的发挥有利于将航运中转型自由港的地缘优势和政策优势很好地结合起来，充分利用自由港所具有的"两头在外"的特征和港区优越的航运资源条件，为货物快速集并、集散等方面提供便利条件，促进货物进口、出口、中转的集运、多国多地区的快速集并和国际联合快运等业务的开展，加快货物在境内外的快速流动。

**2. 保税仓储功能**

保税是一个海关术语，意为处于一种暂缓缴纳关税的状态。处于保税状态下的货物就是保税货物，可以是等待复运出境的转口、过境货物，也可以是暂缓缴纳关税的进口货物。保税仓储是航运中转型自由港的基本服务功能，它在调节货物进口与出口、储存和加工之间的时间差上起到了重要的作用。当某种商品由于配额限制而不能进入终点市场时，可先运入自由港区内储存，一旦有了配额，再转口。一些商品可先运入自由港区内，待价而沽。比如大批水果、蔬菜、肉类和圣诞节商品，可先存放在区内的冷藏、保温仓库，待到市场价格对卖者有利时再对外出口。因此，航运中转型自由港区内或附近地区，通常建有配套的保税仓库，并通过保税物流的方式将仓库与码头连通。如汉堡港，在港区内建有多层楼房仓库、中转货棚，此外，还有储存粮食、水果、鱼鲜、石油、木材、煤以及其他产品的专用仓库、货棚及集装箱码头。航运中转型自由港对进入港口仓储设施的货物实行保税，保税功能可以使企业在自由港内享受一定程度上的"境内关外"待遇。进口货物在不同自由港之间的转运、存储甚至加工的过程中全程处于保税状态，可以减少海关手续，缩短贸易时间，降低企业运营资金占用，节省海关部口的职能执行成本。

**3. 运输衔接功能**

航运中转型自由港在国际贸易中发挥着"运输枢纽"的重要功能，这一功能是国内外贸易和物流存在的前提，反过来又促进了它们的发展。航运中转型自由港以海港自由港为主要形态，通常地处水陆空交通要道，通过将海上运输与陆上运输衔接起来，将本地市场和海外市场直接联通，使运输和贸易紧密结合，成为水陆、陆陆、陆空换装的起始点和中转站，成为国际物流和国内物流相衔接的重要节点，以及国际货物中转和国内货物出口的重要集散地。在航运中转型自由港，利用先进的集疏运设施、高效的集装箱运输方式和便捷的物流中转服务，可以为货物快速集并、集散等方面提供方便条件，便利地开展货物进口、出口、中转的集运、多国多地区的快速集并和国际联合快运等业务，使国外商品可以快速进入国内市场，又可以方便地转口到其他国家或地区，有利于加快货物在境内外的自由快速流动，从而提升国际贸易的自由度和便利度。

### 4. 分拨配送功能

随着国际贸易的迅速发展，世界各国进出口额不断增长，对港口物流服务效率的要求也越来越高。港口的分拨配送功能兴起于日本，是现代物流发展的重要特征，它直接面向用户，以顾客为终点，主要是为了解决生产发展和物流落后之间的矛盾。航运中转型自由港作为大宗商品的集散地，具有强大的分拨配送功能，能够对进口的货物进行分拣、分配、分销、分送等配送分拨业务，并向国际国内配送。通过以"配"促"散"，在港区内开展仓储自动化、包装标准化、配送高效化的业务，实现货物从港口码头、仓库到客户的空间移动，释放港区空间，促进流通循环。同时，利用自由港区免税、免证、保税仓储时间不设限等特殊政策，可以对采取补偿贸易、转口贸易等灵活贸易方式的货物，以保税的状态进行仓储、配送、运输、流通加工、装卸搬运。在现代物流的基础上叠加保税制度，为国际贸易的进一步开展提供有利环境。

### 5. 商品展销功能

航运中转型自由港也是进出口商品的展销橱窗。境内外企业均可自主制订其商品展销计划，展示和介绍本公司的最新产品并可作技术演示和技术培训。在自由港内举办商品展销会手续简单，对展品免征关税并可长期存放。因此，许多国际性的公司利用航运中转型自由港作为展示商品的场所，比如汉堡、纽约、旧金山自由港的储存仓库都附设有外国商品展览推销部。买主可在自由港内当场检验和试用展品，以决定是否采购；如果买主是当地的境内企业，则可以在其做出采购决定后再缴纳关税。一些机械设备出口商甚至在自由港区内设立临时工厂，让买主试用操作机器设备，待其完全满意后再予以出售。

## 二、出口加工型自由港

出口加工型自由港主要以发展工业为主要目的，通过对进入自由港货物进行出口加工，以提高货物商品的附加值，这类自由港主要以从事加工后中转或复出口为主。在第二次世界大战以后，生产和资本的国际化程度快速提高，加之现代科技革命所释放出来的巨大生产力，进一步突破了国家的界限，推动了国际贸易的自由化和便利化，使国际经济联系从以往直接对外贸易流通，向跨国投资领域发展。在此契机下，自由港的发展也顺应了国际新趋势的特点，把在国际流通领域发挥的功能，扩大到生产加工领域，并尽量地使其功能多样化，以发挥自由港的长期活力。

### （一）出口加工型自由港的主要类型

**1. 以出口加工区为基础的自由港**

根据世界银行（1989）界定的"出口加工区"是位于一国正

# 中国自由贸易港探索与启航——全面开放新格局下的新坐标
Exploration and Sail on China's Free Trade Port: New Coordinate under The New Ground in Pursuing Opening Up on All Fronts

常的关税壁垒之外，在该区域内，投资企业以外国企业为主，可在中间产品的进口、公司税、基础设施供应，以及在该国其他地区实施的行业管制的解除等方面享受优惠待遇，"这些待遇是有条件的，即几乎所有产品都出口，所有进口的中间产品必须完全在该区域内使用或再出口"。追溯出口加工区的发展历程，20世纪50年代，爱尔兰的香农出口加工区的成立成为创立出口加工区的先例。爱尔兰的香农国际机场是欧洲到北美航线的中途加油站，大部分飞越大西洋的飞机在此加油或转运。1959年，为了解决国内原料不足、市场狭小和居民就业困难等问题，仿效海岸上的对外贸易区实现隔离管理，在香农国际机场附近又划出380公顷的土地作为自由加工区，突破了原有转口贸易的范畴，通过吸引部分国际投资投向制造业，形成了以工业产品加工为基础的出口加工区。1965年，中国台湾创办了世界上第一个以"出口加工区"命名的高雄出口加工区。在中国台湾农业和进口代替工业迅速发展的背景下，限于岛内资源与市场限制，台湾当局逐步转向发展以劳动密集型工业为目标的出口加工区，随后又增设楠梓、台中两个出口加工区。这三个出口加工区为中国台湾经济的腾飞做出了巨大贡献，促进了区域经济繁荣，随后许多发展中国家纷纷效仿。伴随着国际产业结构的调整，发达国家把劳动密集型工业的若干部门和工序转移到发展中国家和地区，出口加工区在世界各地蓬勃兴起。20世纪60~80年代成为出口加工区的黄金时代，在亚、非、北美与南美等许多国家涌现了近200个出口加工区，其中以韩国马山、中国台湾、孟加拉、埃及、尼日利亚、叙利亚等为代表。

**2. 以科技工业园区为基础的自由港**

随着工业化进程，高科技工业在世界经济结构调整之际取代传统工业，发达国家对外直接投资已由只看重廉价劳动力转向重视雄厚的基础工业、产业的高级化和邻近消费市场。新兴国家为应对技术革新的挑战，力图缩小与发达国家的差距，加速追赶新技术革命的浪潮，大力投资发展高新技术产业。自由港优越的地理位置、完备的工业基础、优惠的政策措施为其快速发展获得了良好的外部条件，其加工制造功能也纷纷开始向高科技、高附加值产业转型。主要表现为创建科学技术园区，以自由港的运作方式，提供优良的投资环境和研究环境，吸引国外资金与先进技术设备，集聚高新技术和高级人才，通过科学技术园区将高新技术企业并与国内科研机构、大学、中介服务直接挂钩，实现产学研融合，将国外的先进技术转化为本国技术，鼓励发展技术密集和知识密集的工业，带动传统产业向高技术产业转化的基地，实现高技术产品出口。例如，新加坡设立的"肯特岗科学工业园区"和中国台湾建立的"新竹科学工业园区"便是属于这一类代表。

新加坡政府在 1979 年提出了实行"第二次工业革命"的重大战略决策。基于这样的经济背景和战略思想的指导，新加坡政府于 1980 年在肯特岗创办科技园，其目的在于配合产业结构调整、引进技术人员及发展技术性、高附加价值的产业，并以此作为推动其国内工业更新换代的一个重要措施。新加坡政府通过制定实施了一系列优惠政策，吸引和鼓励国内外的投资者到科学园区研究开发新技术、新工艺和新产品，尤其是吸引跨国公司把一部分研究与发展的项目转移到新加坡。目前主要产业包括信息技术业、电子业、生命科学、化学工业、食品业、电讯业等。1980年，中国台湾在台北市西南约80千米的新竹设立了第一个科学工业园区——新竹科学工业园区，建园之初就明确了高科技化、学院化、社区化、国际化的建区方针。通过提供完备规划设施、优惠政策以及高级别的行政管理，模仿加工出口区的模式运营。新竹市台湾清华大学、台湾交通大学、台湾中央大学、台湾中山科学研究院、台湾工业技术研究院、台湾食品工业技术研究所等高校与科研机构的集聚为新竹科学工业园区的成功奠定了坚实的基础。新竹科学园区的诞生，带动了中国台湾经济的蓬勃发展，还使中国台湾许多科技产业名列世界前茅。园区内的电子产品，像网络卡、影像扫描器、终端机、台式电脑等的产值，均占中国台湾全岛的50%以上。由此，以新加坡、中国台湾为首的新兴工业化国家和地区率先完成出口加工区制造业向资本、技术密集型转型升级，并扩充了出口加工区的功能，实现了产业转型。

## （二）出口加工型自由港的主要功能

### 1. 航运、转口贸易

航运与转口贸易功能是早期自由港的主要功能，也是当今几乎所有类型自由港都普遍拥有的基本功能。开通自由港的目的也在于利用其优越的地理位置和良好的港口优势进行转口贸易。转口贸易也称中转贸易，是指一国（或地区）进口某种商品不以消费为目的，而是将它作为商品再向别国出口的贸易活动。包括货物转口贸易和服务转口贸易两个方面。其中，货物转口贸易是针对处于国际贸易之中的各类进出口货物的买卖，该种贸易买卖并非是基于生产方与消费方两者间直接展开的，而是借助于第三方转手而展开的贸易往来。在转口贸易中，转口国（地区）实际上起着中间商的作用，把生产国和消费国联系起来。自由港凭借其优越的地理位置，一般靠近主要的转口货物产业或者转口市场，拥有良好的港口条件和海港设备，为转口贸易的发展奠定了有力的基础和条件。同时，自由港特殊的税收优惠政策和贸易政策，简化报关手续，可减少货物运送时间及资金积压，也有助于规避贸易壁垒。转口国在获得可观的转口利润和仓储、运输、装卸、税收等收入外，进而带动了当地金融、交通、电讯、旅游等行业的发展。

**2. 加工贸易**

加工贸易是指从境外保税进口全部或部分原辅材料、零部件、元器件、包装物料（统称进口料件），经境内企业加工或装配后，将制成品复出口的经营活动。主要有进料加工、来料加工及来件装配三种形式。进料加工方式下，进口料件由经营企业付汇进口，制成品由经营企业外销出口；来料加工的进口料件由境外企业提供，经营企业不需要付汇进口，只需按照境外企业的要求进行加工或者装配，收取加工费，最终制成品由境外企业销售；来件装配是由境外企业提供零部件、元器件，有的还提供包装材料，委托经营企业按其工艺设计要求进行装配，成品由境外企业处置，经营企业按照约定收取装配费。在20世纪70年代以后，各国由于自身资源禀赋及技术水平的差异，在全球范围形成了大量的垂直型产业间国际分工，发达国家在技术和资本密集型产业具有比较优势，而发展中国家在低技术的劳动密集行业更加优势，因而带动了加工贸易的迅速发展。通过在自由港内设立出口加工区和科技工业园区，吸引工业发达的国家和新兴工业化国家以直接投资的方式把部分生产能力转移到港区内，进行产品生产加工，进而供应出口。

### 3. 保税仓储

自由港往来的船只较多，转运的货物也多，设有相应的仓储设施与之相配套。对进入港口仓储设施的货物，实行保税仓储。随着国际贸易方式的多元化，特别在加工贸易的背景下，如果在进口时征税，复出口时再申请退税，手续过于烦琐，势必加大物流成本，增加贸易风险，因而采取保税方式，入关时海关暂不征收税，但保留对货物征税的权利，待货物最终流向确定后，视货物是否进口国内再决定征税或者免税，保税仓储解决了出口商品入仓退税、进口商品保税问题。因而保税仓储与一般仓储相比受到海关更严格的监控，涉及入境、储存或加工到复运出口的全过程。同时，一些直接进口原料往往需要批量采购，采购周期及生产周期较长，资金占用量较大，通过保税仓库有利于统一调配，还可以依据国际市场的变化需求，对仓库内的货物，拆包、改装，提高原料、产品的利用效率，缩短资金占用时间，降低贸易成本。而自由港的保税仓储功能又与转运功能密不可分，通过提供便利的仓储服务设施才能保证货物顺利转运，实现随时转口、方便快捷，提高通关速度，减少额外费用，使加工企业可轻装上阵，增强竞争优势。

### （三）出口加工型自由港的发展特点

第一，提供给港区内企业进口、生产和出口的一系列优惠政策支持。首先，自由港在吸引贸易和投资上的基本措施之一就是提供税收优惠。较为典型的采取"进口免税、进料保税、入区退税"，涉及关税、所得税及流转税的一系列优惠措施以实现港区内企业生产交易成本的降低。具体包括对进出口原料、机器设备、半成品、包装材料和各种出口加工产品的关税给予减征或免征；减征企业所得税，港区内企业的所得税适用特殊优惠税率，如爱尔兰香农自由港区的企业所得税率仅为12.5%，而国内的企业所得税率为25%；允许对区内企业安装或扩增经营设施的投资支出在计算所得税时予以扣减；港区内企业生产供区内销售或者运往境外的产品，免征区内加工环节增值税等。其次，在提供税收优惠的同时，对生产经营所需的相关基础设施予以配套。例如提供价格低廉的土地、水电、仓储设施、标准厂房、宿舍及交通设施,为入区投资者提供了良好硬件条件。最后,采取便捷的监管和检验检疫方式,通过"境内关外"管理模式,简化手续,提升通关速度。

第二,以加工贸易为契机,大力发展先进制造业,促进技术进步和管理水平的提升。传统的劳动密集型产业主要依靠大量劳动力,而对技术和设备的依赖程度低,随着技术的发展,劳动力价格水平上涨,也使出口加工型自由港对传统的劳动密集型产业的吸引力锐减,劳动密集型产业逐渐转向以资本和技术密集型转移,如石油化工、机械工业、电力工业、运输设备制造业、电子与通信设备制造、新材料工业等。其中,利用高技术、新技术、新工艺、新材料生产的高附值工业比重又逐步提升。总体上看,出口加工型自由贸易港内呈现劳动密集、资本密集和技术密集的多层次技术结构。

第三,自由贸易港逐步由单一功能向出口加工等复合功能方向发展。在航运、转口贸易功能的基础上扩展为出口加工、保税物流仓、仓储转运关联产业、拆装组合、验证、测试、包装等整合性加工和服务业多元化发展。如德国的汉堡自由港、爱尔兰的香农自由港、韩国的马山出口加工区等,均体现了这一发展趋势。复合化发展是出口加工型自由港区适应国际竞争环境变化和自身发展的需要,各出口加工型自由港根据自身的要素优势和战略目标,各有侧重、各具特色地进行功能定位与发展。

第四,自由港的活动范围向港口城市延伸,体现出较强的制度外溢性。由于临港空间有限,对时间要求较为宽松、需要进行更多包装和较深入加工的货物来说,将其转运到临港的出口加工区和工业园区也可以满足作业要求。航空运输和保税物流使原本只能应用于海港的自由港政策延伸到了内陆,一批自由贸易园区依托无水港以"飞地"状态产生。[①] 无水港的运作模式,使货物的加工、装配、包装、订舱、报关、报验、签发提单等一切通关手续货物是在无水港内"一站式"完成,相当于内陆建起一座海港,连接出口加工区和海港、空港口岸,实现内陆地区与沿海港口的"无缝对接",同时也带动了交通运输网络的完善,提高物流运作效率,降低运输成本,并带动了周边服务业的快速发展,实现了产业聚集效应。

## 三、综合资源配置型自由港

综合资源配置型自由港以信息技术为媒介、以城市为主体,以港口为核心,集转运、仓储、贸易、工业及金融服务等各项服务功能于一体,成为筹划、组织和参与国际经贸活动的资源配置中心、综合服务平台、物流集散中心和产业集聚基地[②]。20世纪80年代,全球经济和贸易的迅猛发展以及信息技术的广泛应用推动了自由港功能的进一步拓展。一方面,高附加值的加工制造、

---

① 胡凤乔;李金珊. 从自由港代际演化看"一带一路"倡议下的第四代自由港发展趋势 [J]. 社会科学家, 2016 (5): 95–99.
② 胡凤乔. 世界自由港演化与制度研究 [D]. 杭州: 浙江大学, 2016: 72.

综合物流服务、信息服务、金融服务、跨境电商服务等功能应运而生，使得自由港成为多功能集成平台和资源配置中心；另一方面随着产业的集聚和产业集群的形成，自由港的辐射和溢出效应也进一步增强，港口和城市相互促进、融合发展，使得自由港既是产业集聚的基地，又是港城联动的核心。和前两类自由港相比，综合资源配置型自由港有以下功能和特点。

## （一）综合资源配置型自由港的主要功能

综合资源配置型自由港除了具备航运、保税仓储、转口贸易、加工贸易以及工业制造等功能外，还增加了以下主要功能。

### 1. 高附加值加工制造功能

综合资源配置型自由港带来的便捷和商机吸引着外向型加工制造型产业向港口附近的集聚，形成临港工业区，港口和临港工业区的融合，逐步形成一种"前店后厂"的模式。随着自由港不断以特殊优惠政策吸引国际资本、高新技术及人才等资源的聚集，加之国际贸易和国际分工格局的变化，自由港开始出现出口加工区和科学工业园区，从而自由港内的加工制造产业从简单加工向劳动密集型工业，再向资本和技术密集型工业转型，进而以高科技、高附加值产业为导向，更多地研发出口知识、信息密集型的高科技产品。例如，新加坡自由港的工业制造就是以资本和技术密集型产业为主，如电子业、石油化工业、机械制造业等就占了制造业产值的 80% 以上。在这些密集型工业中，高科技、高附值工业又占有较大比重，例如裕廊码头周围的裕廊工业区是新加坡最大的工业区，也是世界上计算机磁盘和集成电路的主要生产地。

**2. 综合物流服务功能**

综合资源配置型自由港是现代物流链的重要节点，其综合物流服务不仅提供传统的运输、仓储、配送、流通加工、包装等物流服务，还提供其他多种物流相关服务，如通关服务、物流金融、代理服务等，并为客户提供"量体裁衣"式的一体化物流解决方案，形成多维度的物流服务。综合物流服务可以分为纵向物流服务和横向物流相关服务。纵向物流服务的内容主要有运输、包装、仓储、装卸与搬运、配送等，并进一步包括物流设计、库存与订货管理服务等。横向物流相关服务将商流、信息流、资金流与物流紧密结合，主要包括例如质押监管服务、质押融资服务、代收货款服务、物流保险服务、担保服务、信息服务等，属于物流增值服务的内容。例如，新加坡自由港，就专门设有物流园区，吸引了全球前 25 强中的 17 家跨国物流企业总部进驻，提供全方位优质、便捷、高效的综合物流服务[1]。再如中国香港自由港是世界最大的港口物流中心之一，专门设立物流发展督导委员会和香港物流发展局，以强化综合物流服务功能。

---

[1] 中青班课题组. 新加坡港口物流业发展经验及其启示 [J]. 厦门特区党校学报，2007 (1): 15-19.

### 3. 信息服务功能

自由港经济的发展、港口功能的拓展和现代物流的发展，共同推动了自由港信息服务功能的产生和完善。综合资源配置型自由港的信息服务功能，主要依托公共信息服务平台、数据交换平台与各政府部门、港口、物流等各类企业建立的应用系统，利用信息处理技术和网络通信技术，为用户提供公共的、丰富的物流信息，并将分散的、不同标准的信息资源进行整合；支持网上报关、在线交易、实时查询等服务；帮助口岸管理部门实现信息共享、动态管理、多部门联动；支撑其他服务性机构为实现港口与经贸运输链一体化提供咨询、市场预测等多元化服务。早在 1990 年，新加坡就投资建立了全国 EDI 贸易服务网 TRADENET，该网络通过横向联合，把新加坡所有国际贸易主管机构连接到一个整体系统网络中，实现各部门之间的信息共享，并通过垂直联合，目前已与 5000 多家公司的管理信息系统实现联网，确保信息流的畅通[1]。正是有了这样一个全社会共享的电子信息平台，才使得新加坡自由港的信息服务功能得以有效发挥。

### 4. 金融服务功能

综合资源配置型自由港凭借资本自由流动的特殊政策和金融

---

[1] 从 PSA 集团的成就看舟山集装箱物流业的发展 [EB/OL]. 上海现代服务业联合会，2011-8-18http：//www.ssfcn.com/detailed_lw.asp?id=11583&species=17

开放程度较高的优势，吸引境内外金融机构入驻港区，开展金融类相关业务和"多维"服务，为港区内企业提供便利的投融资机会，促进港区金融创新的深化和发展。进入自由港的金融机构，把金融业务和港口业务、港口的上、下游和相关产业链条上的金融服务需求结合起来，主要以港口经济相关产业为服务对象，针对进出自由港区的货物流和资金流，提供个性化的金融服务，包括银行、信贷、证券、信托、期货、外汇兑换、资金进出和转移等。例如，中国香港自由港多年位居《全球金融中心排名指数》前茅，是名副其实的国际金融中心。中国香港自由港资本流动的自由、金融机构体系的完善、金融市场运行的高效和金融生态环境的优良，是其提供强大金融服务功能的支撑。

**5. 跨境电商服务功能**

随着电子信息技术和经济全球化的深入发展，跨境电商成为国际贸易发展的新趋势，其线上无边界、全球交易相对自由的特性，成为破解传统贸易发展"瓶颈"的有效途径，同时依托自由港境外商品保税等灵活宽松的优惠政策，更是获得了重大的发展机遇。得益于自由港"先进区后报关""区内自由流转""分送集报"的海关监管模式，以跨境电商为服务对象的进出口商品"整进—散出—集报"仓储物流配送模式发展迅速。这种物流配送方法可以帮助进口电商企业实现快速清关，减少物流和时间成本，有助于进口电商企业快速回流资金，还能在一定程度上缓解灰色通关问题。此外，综合资源配置型自由港内的跨境电商第三方专业服务机构，还提供国际物流、产品英文描述、网店装修美化、英文询单支持等一站式综合服务。

## 6. 产业集群化功能

综合资源配置型自由港具有优越的地理区位，能把港区和临港生产线与全球航运物流线联结起来，同时随着自由港及周围的基础设施网络的不断完善和运输技术的进步，信息技术的运用以及物流组织的科学化、现代化，运输费用和库存成本大大降低；加之自由港优惠的政策、开放的制度、不断完善的相关配套服务，吸引着大量跨国公司的直接投资，也吸引着外贸关联性强的产业以及临港依存产业和关联产业向港口集聚，包括以港口装卸和运输为主要功能的装卸业，与装卸业关系紧密的集疏运业、仓储业，为依托港口综合资源而集聚的石化、能源、加工制造等大型重工业和轻工业，以及与上述三个产业经济行为活动有关联的金融、商贸服务业等产业。以航运服务产业集群为例，自由港中心港区主要为船舶停靠和货运的装卸以及转运服务；次核心区集聚大量船舶及船用设备制造、码头建造及港务工程、内陆疏运、船用油类、机电设备销售、航运金融保险等；延伸区是为港口主导和为相关产业提供原材料和服务的产业及需要依靠港口运输的产业。目前，集群化已经成为现代自由港和临港产业发展的重要特征，例如，鹿特丹自由港就形成了多元化、多功能、多层次的产业集群，包括以石化业、船舶制造业、食品加工为核心的产业集群等。

### 7. 国际交流功能

综合资源配置型自由港是贸易国际化和开放型经济的窗口，往往具有国际交流的功能。自由港的发展促进大量与国际经贸相联系的人、财、物、信息流的聚集，为提升本国经济国际化水平、融入世界经济大循环体系创造了便利条件；自由港的发展还能带动经济体制、管理体制的突破，并逐步向国际惯例靠拢。同时，自由港凭借其良好的区位、便捷的交通、优惠的政策环境、高效的行政、良好便利的基础设施等优势，吸引大量国际商业机构的进驻，也成为总部经济的摇篮。这不仅提高了自由港的经济能级，也提升了自由港城市的国际形象和影响力，因此具有很好的国际交流功能。

## （二）综合资源配置型自由港的主要特征

除了具备自由港"境内关外"开放和经济自由化（包括自由进出的航运运输、自由交易的贸易体制、自由化的货币金融制度、自由流动的货物和人员管理以及自由投资经营等）的基本特征外，综合资源配置型自由港还具有以下主要特征。

### 1. 成为综合运筹国际贸易和物流信息的资源配置中心

随着自由港功能的不断拓展，以及向多式联运现代运输方式的转变，自由港成为现代综合物流运输网络体系中的重要节点，成为跨国集团在一定地域内的物流配送、运输、存储、包装、装卸、流通加工、分拨、物流信息处理等全方位及综合服务中心,成为联结世界生产与消费的中心环节,成为全球供应链网络的重要枢纽。借助信息技术平台和现代电子数据交换(EDI)系统,不仅可以实现国际贸易各类信息的共享,还可以实现各类组织和个体的互联互通,从而使全球商品流、资金流、信息流、技术流、人才流等生产要素可以通过自由港快速流通;供应链各环节参与方的供求信息能够在自由港平台上高效匹配,各类资源均得到很好配置。此时,自由港具备信息港功能,正在从港口服务的被动提供者转型为国际贸易生产要素配置的组织者和参与者。例如,新加坡自由港,长期以来十分重视网络贸易平台以及港口信息平台的开发和运用,同时联通自由贸易区信息平台,航运企业只要输入仓单信息就可自行申报,系统则自动放行实现货物中转的一站式服务,大大提升了信息传播和物流的效率。同时,借助网络贸易平台强大的信息集成和整合优势,也很好地实现了国际贸易和物流信息资源的优化配置。

**2. 成为多功能集成和综合增值服务的平台**

随着经济全球化趋势的迅猛发展、信息技术的广泛应用以及自由港优惠政策叠加效应的产生,综合资源配置型自由港的功能在运输、装卸、仓储、转口贸易、加工贸易、临港工业等基础上,进一步拓展到现代物流、金融、保险、旅游、信息服务等增值服务领域,且增值服务的比重大幅增加。此时,自由港内可容纳自由贸易区、自由工业区、出口加工区、科学工业园区、旅游度假区等，不仅拥有主要从事运输、港口作业、货物贸易、临港工业等基础生产作业功能，还具备综合服务功能，开展服务贸易，提供物流分拨、航运服务、金融服务、法律服务及港口社区服务（休闲娱乐）等综合服务。此外，在服务范围、服务方式、信息处理等方面不断延展至新的领域，朝着全方位增值服务的方向发展。例如新加坡自由港，既是世界级电子电器生产、炼油及船舶修造基地，又是国际金融中心和国际航运中心，还是休闲旅游度假胜地，是开放程度最高和综合服务功能最强大的自由港之一。

### 3. 成为产业集聚基地

随着综合资源配置型自由港功能的提升和现代物流体系的变化，其在产业发展中的作用发生了质的改变。一方面，综合资源配置型自由港的综合物流体系是以集装箱运输为基础的，在其形成和发展的过程中形成了枢纽节点与支线节点相分离的运输空间网络体系，从而能够把工厂内部的自动化流水生产线同全球航运物流流水线联结起来，成为全球化大生产体系的重要节点；另一方面，综合资源配置型自由港作为全球供应链的重要枢纽，汇聚了商品流、资金流、信息流、技术流、人才流等多种生产要素，加之优越的区位优势、完善的基础设施、良好的经营环境和优惠的自由贸易政策，吸引港口的主导产业、相关产业以及外贸关联性强和对外依存度高的产业向港口及周边地区集聚。各产业在地理上的相对集中，容易实现精细化、专业化分工，提高生产效率，降低运输成本、物流信息成本等各项成本，实现规模经济，产生巨大的聚合效应，使得自由港成为产业集聚的基地。例如英国伦敦自由港、荷兰鹿特丹自由港率先以其强大的港口效率及港口经济的关联效益，吸引了大量的港口相关产业在特定区域内集聚，通过并港口产业活动较强的前向关联和后向关联性，使得港口产业进一步聚集。此外，一些国家或地区成功地将产业发展与自由港发展相结合，形成各类专业化新型自由区。例如，迪拜依托海港杰贝阿里自由区和空港迪拜机场自由区，打造了迪拜网络城、迪拜媒体城、迪拜珠宝城、迪拜汽车城、迪拜知识村、迪拜五金城等。

### 4. 港城逐渐融合

一方面，综合资源配置型自由港通过集聚效应，不断发挥乘数效应，形成城市经济的增长点。随着自由港区企业数量的不断增多，产业集聚的区域不断扩大，从港口区扩展到港口城市的商业区，甚至扩展到港口所在城市的整个经济区域，并通过产业关联和产业链、价值链的延伸，产生辐射效应，加上通过陆、水、空等多种运输方式，形成港口与腹地城市之间的综合性功能网络，成为带动腹地经济发展的巨大引擎，带动城市经济的发展。同时，自由港还为城市提供了与世界的联系通道，使港口城市成为对外贸易的窗口，临港产业和现代物流功能更是大大提高了城市竞争力，并带动了商业和科技文化等其他城市功能的发展，促进城市综合性功能结构的形成。此外，综合资源配置型自由港自由、开放、高效的理念突破了物理隔离线，外溢至港口城市管理体系中。另一方面，城市功能也为综合资源配置型自由港的发展提供强大的支撑，城市为港口提供了发展空间、基础设施、产业依托和科技服务，是自由港口发挥作用的主要物质基础。由此，自由港与所在城市相辅相成、互相促进、融合联动发展。例如，中国香港是港城一体化发展、"以港兴城"的典型例子。

# 第三章
# 自由港的国内外实践

## 一、新加坡自由港的成功经验及其借鉴

新加坡位于欧亚大陆的最南端,马六甲海峡出入口处,是进出太平洋和印度洋的必经之路。新加坡独立于1965年,在独立后不到50年时间里,新加坡依靠着世界上重要且繁忙的海峡通道,充分的利用自身区位优势,积极融入世界贸易自由化进程中,打造成为当今世界闻名的自由港。

作为全球开放程度最高、制度建设最完善、发展最为成熟的自由港之一,新加坡在建设自由港方面有许多经验值得我们借鉴。

## （一）全面建设开放的经济体制

自由港的成功建设，不仅仅是得益于新加坡优越的地理位置，更与新加坡政府坚持倡导开放性经济体制密不可分。

**1. 金融全面开放，服务体系完善**

作为全球第四大金融中心，新加坡金融市场以开放程度高、服务全面享誉全球，吸引了众多企业前来投资。

（1）全面取消外汇管制，融资汇兑自由。为吸引外来资本进入，新加坡全面取消外汇管制，外资企业只需按照银行要求提供相关文件，即可在新加坡自由开立银行账户，或可向本地银行、外资银行等其他金融机构申请进行融资业务。对于部分特殊的外资项目，新加坡政府还会提供优惠的融资服务，如新企业发展计划、企业家奖励计划等。对企业利润资金汇出，也几乎没有限制条件，无须缴纳特定税费。贸易企业可以自由选择结算货币。

（2）金融服务体系成熟完善。开放金融市场一定伴随着完善的金融服务。作为全球著名的金融中心，新加坡金融机构外资企业提供全面的融资服务，只要满足当地相关条件，各国企业都可以在新加坡交易所发行股票或债券。针对不同规模和不同类型的贸易企业，新加坡金融市场提供不同的融资业务模式，如面对中小贸易公司，依据其发展的不同阶段，分别采取初创融资和成长期融资等各种贸易贷款；而针对特殊类企业，如石油类企业，则采用背对背信用证融资模式。为鼓励本国企业对外投资，新加坡金融机构向其提供了出口信贷保险融资模式。

这些依据企业自身特点设计的个性化的金融服务，极大地推动了新加坡自由港建设发展。

**2. 积极吸引外资，并鼓励本国企业"走出去"**

（1）新加坡对外资进入方式限制低。除涉及国家安全相关行业和个别特殊行业，如金融、保险、证券等特殊领域，外资进入须向主管部门备案外，其他行业没有特殊限制，其中商业、外贸、租赁、营销、电讯等市场完全开放。

（2）鼓励外国企业到新加坡设立总部或地区总部。为了吸引更多外资进入新加坡，政府制定了一系列方案，如特许国际贸易计划、商业总部奖励、营业总部奖励、跨国营业总部奖励等多项措施，吸引外资。截至2012年底，已经有超过4000家跨国公司在新加坡设立地区总部。

（3）积极鼓励本国企业到国外投资。新加坡不仅吸引大量的外来资本进入本国，同时也积极鼓励本国企业到国外投资。为鼓励对外投资，新加坡制订了一系列扶持政策支持，如海外企业奖励计划、国际化路线图计划、海外投资双重扣税计划等。新加坡国际企业发展局还对海外投资企业提供信贷、商业信用保险等一系列金融服务，为本地企业国际化提供强大的支持。

### 3. 企业经营环境与便利化程度高

新加坡综合营商环境十分优越。

（1）企业注册手续简便。在新加坡，企业注册手续简单，费用低廉，对投资人没有国籍和年龄限制，具有民事权利的成年人，只需提供基本文件资料，3个工作日即可完成公司注册工作。如果注册的是办事处或代表处，只需网上填写表格注册即可。除一些特殊行业，如银行、金融、保险、证券、通信、对环境有影响的生产行业须向政府相关管理部门正式申请许可外，其他普通的公司或商业机构商业注册均简便快捷。

（2）对注册资本要求宽松。新加坡对设立公司注册资本要求不高，最低注册资本10万新元即可。注册资金实行认缴制，股东可随时决定提高注册资本和缴足资本。

（3）企业的经营范围，几乎没有限制。在新加坡，企业经营范围可分为四大类，服务类、商贸类、科技类、食品类和贸易类等，企业可根据自身经营业务内容确定企业名称。不管公司名称如何，只要不违反法律条款，公司可以根据自身状况和市场行情自行变更经营范围，无须审批。

（4）经营活动无过度约束。新加坡企业监管项目完善，政府不对企业进行常规的行政管理，注册企业在劳工保护、知识产权、环境保护等方面的日常监管只需依照完善的法律体系执行。

### 4. 为企业提供优惠赋税

为推行自由港建设,新加坡大规模简化税赋,新加坡是世界上税制简易、税负最低的国家之一。根据世界银行等权威组织调查报告显示,新加坡在全球多个国家中交税简易度排名居于前列。为吸引跨国公司在新加坡设置总部,新加坡还签署了 50 个避免双重课税协定和 30 项投资保证协议,向跨国公司提供优惠税收。

在企业所得税方面,新加坡对内外资企业实行政策统一。在关税方面,除酒类、烟草(含卷烟)、石油、机动车以外,新加坡对所有进口商品免征关税。国际运输服务和与进出口相关的运输服务,以及与进出口有关的货物装卸、搬运、保险等服务都适用零税率。

## (二)持续深化自由港基础服务建设

### 1. 自贸区的建立与发展

(1)积极建立自由贸易园区。新加坡独立后,为加快实行自由经济政策,新加坡于 1969 年制定了《自由贸易区法令》,并在裕廊码头内建立了第一个自贸区。到目前为止,新加坡共设有 8 个自贸区,其中新加坡机场物流园和樟宜机场自贸区以空运货物为主,其余 6 个自由贸易区均以海运货物为主,分别是布拉尼货物集散站、炭巴集散处、巴西班让货物集散站、三巴望码头、丹绒巴葛货物集散站和岌巴货物集散站、裕廊海港。

（2）积极签署跨国自由贸易协定。作为新加坡贸易体系的重要组成部分，新加坡还与世界上多个地区和国家签订了20多份自由贸易协定（FTA），签署对象包括中国、美国、东盟、新西兰、印度、日本等。新加坡最新生效的一份自贸协定是与海合会签订，这也是海合会与其他国家或地区组织签订的第一份自贸协定。目前新加坡还在参与全面且先进的泛太平洋伙伴关系协定（CPTPP, Comprehensive Progressive Trans-Pacific Partnership）和区域全面经济伙伴关系（RCEP）的谈判。基于这些自贸协定，以新加坡为基地的出口商和投资者可以享受多重优惠，比如关税减让、进入特定领域的优先途径、更快进入市场和享受知识产权保护等。

**2. 加强贸易信息平台建设，推动贸易便利化**

为把新加坡建设成为现代化国际航运中心和贸易及转口贸易中心，新加坡大力建设国际贸易航运中心信息平台，以促进贸易便利化进程。

（1）加强通关信息化建设。1989年，新加坡推出贸易信息网Trade Net，这是世界上第一个用于贸易文件综合处理的EDI电子交易网络平台，把新加坡全国5000多家国际贸易机构、银行、运输等服务机构联系在一起，通过与海关、税务等政府部门的联结，形成面向企业服务的贸易交易网络平台，简化企业进口、出口（包括转口）贸易有关的申请、申报、审核、许可、管制等全部手续。该电子信息化系统的推出，大大节约了进出口企业通关时间，从原来的 2 天至 7 天缩短到几十秒钟。从受理电子报关到货物放行，全程只需 15 分钟。

(2) 加强港口管理信息化建设。为强化码头港口的服务能力，1984 年新加坡开始建设的港口信息化网络，旨在把相关政府部门、航运公司、港口用户、港务集团、货主集装箱中转站和卡车运输业等用户联系起来，打造港口信息管理系统，让港口用户可以实时了解并跟踪货物船只进出港信息、舱位安排、货物在港所处的状态、预订舱位、指定泊位、起重机布置、集装箱等信息。通过整合码头作业系统，实现了港口全程自动化无纸作业。

(3) 打造高效的物流运输服务。为提高物流运输效率，新加坡政府分别实施了特许国际航运、海事金融优惠等计划，通过大幅度减免航运企业和航运服务业税费的方式，为物流运输行业保驾护航。作为国际航运中心，新加坡积极打造出一个汇集了航运交易、船舶经纪、航运资讯、船舶维修和海事培训为基础的完整产业链，为开展国际贸易提供了良好的基础。

据 2014 年世界银行发布的《营商环境报告》显示，在全球 189 个经济体对比中，新加坡的跨境贸易便利水平中位居榜首。

## (三) 积极培养自由港建设管理人才

尽管地理位置优越，但作为一个城市型国家，新加坡同时面临着资源匮乏、市场狭小的问题。面对比较优势的不足，新加坡选择把培养高素质人才作为提高国际竞争力的重要抓手。经过多年的努力，各类高素质劳动力和专业技术、管理人才已经成为新加坡自由港建设的宝贵财富。

**1. 正规教育与职业教学相结合的培养模式**

为了提高人才素质，新加坡在普及全面正规教育的前提下，更加注重职业教育的发展。为鼓励企业积极培养工人，新加坡政府专门颁布了一系列规定，从资金、政策上扶持企业。新加坡政府建立了职工技术培训基金，鼓励企业通过厂内训练、海外培训和联合培训等多种形式，培养优良的职业技术工人。如果企业自己出资培训工人，政府有为其补贴70%培训费的政策。为强制要求企业培训员工，还规定了企业须缴纳相当于员工工资总额4%的资金给政府，用作员工培训基金的专项经费。

**2. 重视国际化人才及思想道德素质培养**

从20世纪80年代中期以来，新加坡推行汉语和英语双语教学模式，使国民普遍具有良好的国际化语言交流、沟通能力。同时注重思想道德教育，培养国民的爱国主义情怀和集体观念等，培养国民艰苦奋斗、敬业乐业、谦虚礼让的精神风貌。在日趋激烈的国际竞争中，新加坡的人力资源优势日趋显现。

## （四）着力打造高效廉洁的公务员队伍体系

新加坡自由港的成功运作管理，与新加坡政府公务员系统的廉洁正直、透明化管理有很大的关系。与全球司法惯例不同，新加坡政府对公务员系统的管理采取的是"严管"，对公务员贪污受贿执行有罪推定。公务员任何贪污行为，即使是极轻微的贪污行为，一经查实，都将面临刑责。同时，设置独立运作的贪污调查局，负责针对政府公务员的廉政监督，鼓励民众等大众媒体监督公务员。此外，新加坡还采取"高薪养廉"以及严格的公务员财产申报制度，并有专门机构进行核查，严防公务员贪污受贿。在严刑峻法要求下的公务员系统，慢慢地培养出了公务员高效率和超效能的执行力，也逐渐形成了用人唯贤、唯才是举的良性组织关系，为自由贸易区、自由港建设保驾护航。

### （五）不断完善自由贸易法律体系

为加强自由港建设，新加坡打造了以《自由贸易区法》为核心的体系完整的经济法规。《自由贸易区法》全面规定了自由贸易区的制度安排，包括定位、功能、管理体制、优惠制度、监管制度等多个方面，其中优惠制度主要涉及税收豁免、所得税和其他税收减免、投资、海关制度、劳工政策、土地制度等内容。除此以外，新加坡政府还颁布了《公司法》《劳工就业法》《环境保护法》《商品对外贸易法》《商品及服务税收法》《海关法》《商船运输法》《战略物资管制法》等对企业进行执法监督。

## 二、阿联酋迪拜自由港的成功经验及其借鉴

### （一）迪拜简介

迪拜（DUBAI）是阿拉伯联合酋长国七个酋长国中的第二大酋长国，位于阿拉伯半岛西南部，阿联酋东北部，滨临波斯湾，海岸线400英里，常住人口286万人，其中85%左右为非本地人口，国际化程度相当高。整个迪拜面积3885平方千米，属亚热带气候，冬季平均气温10到30度，夏季气温可高达47度。降雨主要集中在冬季，年平均降水量约13厘米。2016年GDP达到1028亿美元。根据IMF预测，2017年迪拜GDP增速可能达到3.3%。[①]

迪拜港是目前世界上著名的自由贸易港，地处亚欧非三大洲的交会点，由拉什德港区（PORT RASHID）和杰贝拉里港区（PORT JEBELALI）组成的，拉什德港区是传统的集装箱港区，而杰贝拉里港区是世界上最大的人工港区，集物流、进出口贸易、生产加工等多功能为一体特大型区域。迪拜港也是中国"海上丝绸之路"重要的节点，由于地理位置的特殊，经常是欧亚经济活

---

[①] IMF. 预计迪拜2018年GDP增长3.5%，2017年GDP增长3.3%[EB/OL]. 汇通网，2017-10-31. http://www.fx678.com/c/20171031/201710311405212038.html.

动的中心。

## （二）迪拜自由港的发展概况

**1. 迪拜港发展史**

迪拜港地处亚欧非三大洲的交会点，是中东地区最大的自由贸易港，尤以转口贸易发达而著称。20世纪初，迪拜仅是一个人口不足万人的海边小镇。1969年，迪拜政府开始在迪拜河口附近建设一个4个泊位的深水港即拉什德港。1972年，拉什德港正式投入使用，依靠先进的港口设施和迪拜繁荣的商业，拉什德港运作非常成功。1978年，拉什德港的泊位数目已达35个，其中4个泊位可停泊当时最大的集装箱船。

1976年，迪拜开始在郊外35千米的杰贝拉里建设世界上最大的人工港。1979年，杰贝拉里港开始投入使用。1985年设立杰贝拉里自由贸易区，现已成为集物流仓储、进出口贸易、生产加工等多功能为一体的大型特区。

1991年5月，迪拜成立了港口专业管理机构——迪拜港务局，对位于迪拜市区的拉什德港和郊外的杰贝拉里港实行统一管理。2016年，迪拜港集装箱吞吐量达到1480万TEU，尽管这一数据比2015年下降了5.1%。迪拜不仅成为波斯湾地区的第一大港口，在世界港口航运业中也占有举足轻重的地位。

**2. 迪拜港构成**

迪拜港由拉什德港区和杰贝拉里港区两共同构成。

一是拉什德港区。拉什德港区是迪拜的传统港口，始建于 1969 年，靠近迪拜商业中心。迪拜港属海岸港，位于平直的海岸上。拉什德港有数十个泊位，数个集装箱码头，可装卸各类集装箱的泊位。拉什德港距迪拜国际机场仅 15 分钟的车程，是阿联酋最现代化的、地区最重要的传统集装箱货运港之一。

二是杰贝拉里港区。杰贝拉里港区又分为杰贝拉里港和杰贝拉里自由贸易区。（1）杰贝拉里港。杰贝拉里港位于迪拜市西南部 35 千米处，是世界上最大的人工港，同时也是中东第一大港。港区装卸设备有各种岸吊、可移式吊、集装箱门吊、装卸桥、跨运车及滚装设施等。港区能承接与分流各种商品的货场，包括石油制品、易腐烂品、汽车、冷藏品及木材等。拉什德港是传统港口，重视外延扩大，看重泊位数量上的增加，而建设的码头泊位普遍存在码头前沿与后方堆场上机械配置少、后方陆域狭窄、信息功能与外界连通性差等问题严重制约了货物通过港口的效率。而杰贝拉里港比较重视码头前沿与后方堆场上的机械配置，提高港区信息平台与外界的连通性，极大地提高了单位泊位通过能力。（2）杰贝拉里自由贸易区。杰贝拉里自由贸易区于 1985 年设立，是杰贝拉里港的重要组成部分，现已发展为集生产加工、进出口贸易、物流仓储等多功能为一体的大型特区。在迪拜总体规划中，杰贝拉里自由贸易区的工业区腹地规划面积接近 80 平方千米，远期（2012年以后）规划预留发展面积达120平方千米（包括了规划预留的未来国际新机场的20平方千米）[①]。政府规定在自由贸易区各种商品均可免税存入仓库，入关后再出口的商品给予全部退税，极大地促进了转口业务的发展。进口货物主要是粮食、消费品及机械，大宗出口货物主要包括石油、石油化工产品、天然气、金属铝等。自由贸易区内拥有先进的货物控制系统和物流管理系统，包括多种多样的仓库设备，可独自进行公路运输，实现货物的快速周转。同时，杰贝拉里自由贸易区还具有相对独立的权力：在中东地区，根据当地法律，外国人设立公司须遵循保人制度，即当地人持股至少占比51%，由当地人作保。这在很大程度阻碍了外商的投资，自贸区的设立解决了外商的担忧。在自由贸易区内，外资可全部独资、可享受50年免除所得税且期满后可再延长15年免税期、无个人所得税、进口完全免税、资本和利润可自由汇出等。除此之外，迪拜政府在自由贸易区对交通、通信和高速数据传输等基础设施方面进行了大量的投资。区内除中转贸易、加工制造业务以外，其他与之相关的中介服务行业等也可进入，但此类企业均须为阿联酋本国所有，外资企业不得进入。

### 3. 迪拜港物流

高效的港口、现代化的国际航空港、新型的航空货物码头和高速发展的公路，成就了迪拜发达的物流业。迪拜的物流业以杰

---

[①] 张娟. 迪拜杰贝阿里自由贸易区（JAFZA）解密[J]. 国际市场, 2014 (5).

贝拉里港为中心，与迪拜国际机场和其他海湾国家紧密相连，通过加强港区运输网络建设，形成畅通的航空、公路疏港体系，建立现代港口综合交通枢纽、集疏运陆路分运带，实现门到门多式联运服务，形成海陆空一体化立体物流网络。此外，未来联邦铁路项目也将连接杰贝拉里港，将对目前港口空运、陆运体系提供有益补充，形成更加完善的三位一体物流运输体系，更好地辐射阿联酋及地区其他国家。

政府积极引进世界著名物流企业，建立现代化仓储基地，推动迪拜自由港物流业快速发展。其中杰贝拉里港的现代化仓储基地规划面积约20平方千米。对新建仓储要在杰贝拉里港自由贸易区按仓库类型指定建库地点，提高仓储现代化水平，淘汰传统的堆放式仓库，设计、建造出符合港口各类用户需要的高标准、现代化仓库。加快港口信息中心建设，加强货运商务信息化管理，提高信息化水平和综合服务能力。加强港口资源、资本、设施、物资信息化管理，与阿拉伯国家腹地城市的金融、通信、科技等系统联网，成为区域性信息中心。

迪拜是中东地区著名的商品展销中心。迪拜展览中心是中东最大的展览中心。展览中心每个展馆内有餐厅、会议厅等配套服务区域。展览中心每年要举办电子电器、汽车、家具等各种国际展览几十个。迪拜的展览与物流密不可分，展览为物流带来市场，物流服务为展览展销创造了必要条件。在发达的物流服务业推动下，迪拜每年数十个展览都有很大的成交额，也带来了繁荣的"展会经济"。

### 4. 迪拜港临港产业区

迪拜政府十分重视港口和产业的联动发展。迪拜拉什德港西侧是传统临港工业区。这里是海湾地区的修船中心，拥有名列前茅的百万吨级的干船坞。主要工业有造船、塑料、炼铝、海水淡化、轧钢及车辆装配等，还有年产50万吨的水泥厂。

杰贝拉里港则注重贸易、物流及信息业的发展，设立了国际知名的自由贸易区。迪拜港面积135平方千米，是目前世界上最大的自由港区。主要功能为港口装卸、仓储物流、贸易及加工制造。

借助港口的优势，1995年开始迪拜政府在杰贝拉里自由贸易区兴建迪拜网络城。该项目是迪拜政府发展网络经济的主体工程，1999年，完成可行性研究、规划和相关法规的制定等前期准备工作。迪拜网络城是一个高科技产业免税园区，它成功地吸引了包括IBM、微软、甲骨文和思科在内的多家顶级跨国公司。与网络城类似的迪拜媒体城则专为新闻、出版、音乐、影视娱乐业等传媒行业服务。

### 5. 迪拜港交通

迪拜国际机场是中东和西亚地区最大、最繁忙的机场。2015年该机场运送国际旅客达78014838人次，同比上涨10.7%，继续蝉联全球国际客流量最繁忙机场。在大规模扩建迪拜国际机场的同时，迪拜还着手在杰贝拉里地区修建第二个机场——阿勒马克图姆国际机场。新机场按规划将建设5条平行跑道和3个航站楼，计划耗资1175亿迪拉姆（约合320亿美元）。建成后的新机场将超过美国的哈茨菲尔德－杰克逊亚特兰大国际机场，成为世界最大的机场和中东地区的新地标，预计该机场年旅客吞吐量可达1.6亿人次，货邮吞吐量可达1200万吨。①

阿联酋高速公路网发达，陆上交通十分便利，七个酋长国之间均有高速公路相连。迪拜港区对外海、陆、空交通发达。旧城、拉什德港和新城、杰贝拉里港区之间相距35千米，主要依靠高速公路联系。多年来，为联系港口与机场、旧城之间的交通，迪拜修建大量公路、立交桥、地下隧道、环城高速路公路网。杰贝拉里自由贸易区与城区通过高速公路相连。

### 6. 迪拜港港区的管理

迪拜港归迪拜地方政府管理，迪拜地方政府投资建设港口码头、高速公路、地下隧道、国际机场等基础设施，协调港口与城市之间的发展，充分利用港口优势，开发港口工业区和自由贸易区，通过自由贸易区的土地出租，来促进营港口工业区和自由贸易区的发展。

迪拜港务局成立于1991年，直属迪拜政府，在迪拜地方政府领导下，管理迪拜港口。同时又是独立港口经营机构，是独立的法人，具有独立的会计核算系统。因此，它既有地方政府机关的职能，又有企业运作的性质，负责迪拜的拉什德港和杰贝拉里港

---

① 赵巍. 迪拜机场：何以成为国际航空枢纽 [N]. 中国民航报，2014－3－3.

的港口运作以及杰贝拉里自由贸易区的管理，也担负上述功能区的基础设施建设和港口发展工作，对外执行政府职能，对内管理加工区一切事务。港口内对海关、银行、邮电、交通运输、公安等实行统一管理，统一办公，取消了平行多头机构。

政府对港口、自由贸易区、海关采取三位一体的管理模式，其管理机构是迪拜港董事局，为政企合一的实体，统一管理、经营港口和自由贸易区，董事会主席为皇室指派，对协商事宜具有最终裁定权。

## （三）迪拜自由港的主要特点

### 1. 家族传统商业习性

1833年马克图姆家族迁徙迪拜后，各代酋长门一直重视商业港口建设，致力于自由贸易文化，创造宽松的商业环境，通过减免进出口税吸引国际商人，1894年，迪拜建立了免税自由港，为成为世界上著名的自由港打下基础。可以说，迪拜自由港能够发展到今天规模，与阿拉伯家族文化以及家族重视商业自由文化密切相关。

### 2. 同一机构管理运作

自1985年迪拜成为世界上最大的自由港以来，港区集运输、加工、贸易、仓储、海关监管为一体，覆盖多层面事务，在复杂交叉情况下，阿联酋政府成立董事会，指派皇室成员担任港区董事会主席，统一协调管理，对港区实务具有最终裁决权。这种具有阿拉伯色彩的政企合一的管理模式，具有极高效率，在坚持自由商业（Freedom to do Business）① 文化背景下能有效促进自由港迅速扩张。

**3. 超前创意和敢于探索**

单纯的自由文化气息并非能完全打造全球自由港奇迹，超前思维和勇于开创的阿拉伯人精神，塑造了今天的迪拜自由港。在港区内，政府相关机构一个窗口办公，公司注册登记简便快捷；加工、贸易外资100%持股，但是相关的中介服务须为本国企业所有，对外资禁入。阿联酋政府利用迪拜衔接亚欧非中心地带特殊的地理位置，大胆创新，以港口为核心，打造陆海空为一体的占地几百平方公里的现代化自由港。

**4. 港口与自由贸易区结合的自由港**

世界上有多种自由贸易港区，主要有：转口集散型、贸易综合型、自由港型、金融型、出口加工型、保税仓储型。迪拜港是从建立杰贝阿里港开始的，通过港口建设，结合区域位置的特点，利用港口建立自由贸易区，吸收国外资金打造加工、物流、贸易、金融为一体的综合性区域。2017年上半年，迪拜吸收国外投资（FDI）就达到30亿美元。因此，迪拜港不是简单型的自由港，而

---

① 邹展霞，仇倩，王晓. 世界主要自由贸易区：运行特色、税制设置和税政评析 [J]. 科学发展，2014 (6).

是一种新型的多功能现代自由港。

### 5. 自由港功能从单一向综合化发展

从迪拜自由港区演化历史看，早期港口局限于转口贸易，提供货物进出港免征关税的优待。随着自由港向外扩张，地域范围不断增加，自由港的功能逐步扩大到仓储、加工生产、商展、转口中介服务，以至发展到金融、旅游、通信等服务业。政府加大对基础设施提升工程，2017年迪拜政府计划采用PPP（公私合营模式）开发价值34亿美元的迪拜深污水管道项目等。由于业务功能扩大，港区范围延伸，整体服务设施水平提高，迪拜港越来越多吸引全球眼光聚焦，成为国际性重要商业中心。

## （四）迪拜自由港的成功经验与启示

### 1. 自由港管理权集中有利于港区运作

综观世界各国自由港管理模式，有政府管理、企业管理、政企合一管理等模式，运行效果各有千秋。政府管理模式可以动用资源多，但是效率低，且过多行政干预不利于港区发展，容易滋生腐败，国际上较少使用。企业管理模式，主要是政府授权企业机构全权负责港区运作，包括公营企业管理模式、私营管理模式。公营企业管理模式由于服务质量不高，经营效率低，经济效益差，欧美和亚洲国家较少使用。中国香港地区采取私人管理模式，政府授权，企业依据市场规则运作，服务好，效率高，且经济效益也好，但是在长远规划扩展上受资源限制和视野局限。混业管理模式，也称为政企合一管理模式，迪拜自由港就采用该模式。该模式是将政府宏观发展目标与企业注重微观效益紧密结合在一起，也可以把阿拉伯文化习惯加以融合，效率高，可以动用的资源广，相对于政府管理和企业管理模式，优势更明显。

**2. 自由港形成、发展是渐进的过程**

一般来说，自由港是自由贸易区的初始形式，由于所处的特殊地理位置，在全球货物、服务贸易发展中需要而形成的，与同一时代科技、文化、经济水平相关。各国在运作自由贸易港时根据本港特点采取不同政策，驱动自由港发展。随着国际物流蓬勃发展，单纯依靠转口贸易已经无法更好地服务于客户，扩大在自由港的业务范围，如出口加工、仓储、金融贸易服务以及技术研发等更综合性的业务，使得自由港更具有国际竞争力，单一的、小范围的港口无法满足世界激烈竞争需要，扩大港区、增加业务项目是自由港的发展趋势。

总之，自由港发展是按照具有一定的规律，受国内外经济、文化、地缘政治等影响，其发展历程，是沿着从一般自由港区逐步转向专业化、综合化、高科技化自由贸易区域的方向发展。

**3. 自由港产生外向型经济辐射价值**

迪拜自由港是集陆、海、空三位一体的国际级综合港区，从一般意义上来讲，高效便捷的自由港对货主和国际物流机构具有较大吸引力，对国际资金具有向心力，而灵活自由的经济政策能够促进各生产要素的集聚，以此带动港口所在区域外向型经济的扩张，惠及迪拜自由港及毗邻地区的就业和第三产业的繁荣等。经济效益的提升反哺自由港国际竞争力。

**4. 综合型自由港区需要规范的商业环境**

从古典自由港区、现代自由港区、综合性自由港区的发展历程分析，外部环境对自由港区发展影响重大。古典自由港区是由于自然区位条件形成，如中国泉州、欧洲和地中海一带港口，以仓储、运输、船舶管理为主。第二次世界大战以后全球经济发展、科技进步，为远洋运输提供良好条件，自由港区功能非单一的转口货物，而发展出仓储、加工、生产、再出口为一体，自由港区范围扩大，功能进一步加强，但仍然以货物贸易为主要内容的业务。综合型自由港区已经远超传统自由港范畴，它集生产加工、国际物流、旅游、融服务、电子通信等综合性产业集群，在这一背景下，需要高素质人力资源、高效率高敏感度的政府机制、适合于该港区监管模式以及健全的自由港区法律制度。

## 三、荷兰鹿特丹自由港的成功经验及其借鉴

荷兰第二大城市及第一大工业城市鹿特丹，是当今世界上最

大的港口，同时也是世界上最繁忙的港口之一。它位于莱茵河与马斯河汇合口，新马斯河两岸，距离北海 25.7 千米，又邻近英国、比利时、法国、联邦德国等西欧发达的主要工业区，地理位置十分优越，是欧洲国家大宗进口货物的集散中心，素有"欧洲门户"之称。1965 年 7 月成为世界第一大港口，其腹地十分广阔，延伸至欧洲大部分国家和地区，货物吞吐总量 1.31 亿吨。随着西欧各国经济的发展和欧洲共同市场的建立，更促进了鹿特丹的繁荣；同时，进出港及中转主要货物按数量计算依次来自于亚洲、欧洲、南美洲及非洲。1982 年有 3 万多艘来自世界各地的远洋海轮在这里停泊，再加上 20 万艘左右的内河船舶，货物吞吐量达 2.52 亿吨（1973 年曾超过 3 亿吨），居世界第一位。[①] 独特的地理优势以及广阔的腹地范围，成为鹿特丹港不断发展和兴旺的有力支撑。

## （一）鹿特丹自由港的发展历程

### 1. 早期发展阶段

鹿特丹港从建立之初到如今成为世界港口发展典范的过程中，经历了数次兴衰，其兴起与壮大离不开港口的发展。1283 年，原为小渔村的鹿特丹因开辟围垦而出名。鹿特丹地势低平（低于平均海拔线 1 米），14 世纪初，通过修建堤坝成为渔业港镇。随后在

---

① 魏路闯. 鹿特丹港发展现状及对策分析 [J]. 港航研究，2017 (5)：20 – 23.

# 中国自由贸易港探索与启航——全面开放新格局下的新坐标
Exploration and Sail on China's Free Trade Port: New Coordinate under The New Ground in Pursuing Opening Up on All Fronts

荷兰伯爵威廉四世的领导下开通河道并修建运河，与外界的河运贸易往来逐渐增多，鹿特丹也因此日益繁荣起来。17世纪末18世纪初，随着荷兰集中与英国与法国，偶尔与美国、印度尼西亚等国家进行贸易往来，使鹿特丹港的对外贸易不断蓬勃兴旺。然而，20世纪初开始在两次世界大战中被大肆破坏，荷兰全境均遭到重创，鹿特丹港一度变为废墟，直到战后对其修复重建才使港口的运营重新步入正轨，接着迎来新一轮的飞速发展。自15世纪建立以来，鹿特丹港不断向城市区域扩张，实现了与鹿特丹市的共生发展。最初发展阶段的港口贸易活动仅限于码头附近区域，辐射范围小，且港口与腹地之间的产业联系不紧密，主要包括房屋租赁业务、日常必需品的零售服务、制糖业、酿酒业等。

**2. 蓬勃发展阶段**

到19世纪，随着石化行业和加工业的兴起，港口的关联产业发展突破最初狭隘的区域范围向外围腹地城市逐渐拓展。20世纪初，随着经济全球化以及信息化的兴起为鹿特丹港的发展提供了新的发展机遇与契机，金融咨询、旅游、娱乐等现代服务产业以及以炼油为代表的临港工业得到快速发展，其业务不断向更广的腹地城市与区域延伸，形成了具有自身特色的港口产业链与临港工业体系。港口腹地相关联产业的兴旺是其日渐蓬勃发展并长期居世界港口霸主地位的首要驱动因素。自1965年起，鹿特丹港超过纽约港跃居成为世界第一大港口。虽然其吞吐量于21世纪初被上海港赶超，但鹿特丹港在欧洲的港口霸主地位依然不可撼动，且在世界港口发展史中有着举足轻重的影响力。港口与腹地城市的产业关联日益紧密，主营产业与间接产业相辅相成，均得到快速发展。贸易内容不断深化，产业辐射范围进一步拓展①。

### 3. 一体化发展阶段

鹿特丹作为重要的国际贸易中心和工业基地，以发达港口作为主导、以腹地城市作为依托，在"港口—城市"共生发展模式中，在港城区域内从事港务、集散、工业生产等活动。鹿特丹港实行"比自由港还自由"的政策，是一个典型的港城一体化的国际城市，现拥有约3700家国际贸易公司，并且形成了系统化的"一条龙"服务，包括炼油、船舶机械、港口机械、石油化工等工业带。鹿特丹港目前总雇员数达70万多人，港口直接产业及其关联产业总产值占鹿特丹市GDP的近1/2，同时占全国GDP的13%。作为世界港城一体化发展成功的港口城市之一，信息、技术、商品等要素在这里实现了最优化配置，并已成为人口、资金、产业、技术高度聚集的社会经济综合体。

## （二）鹿特丹自由港的发展现状②

鹿特丹港作为欧洲最大的港口，拥有着世界先进的现代化设施、

---

① 李红兵、佟东. 荷兰鹿特丹港城一体化发展的思考 [J]. 环球视野：2014, 11 (23)：70-72.

② 魏路阎. 鹿特丹港发展现状及对策分析 [J]. 港航研究. 2017 (5)：20-21.

完善的网络信息系统、领先的物流系统、广阔的腹地空间和发达的"城以港兴、港为城用"的临港产业。目前，鹿特丹城区面积200多万平方千米，市区人口高达65万人，港区面积超过100万平方千米，是荷兰规模第二大城市。近年来，鹿特丹港获数10亿欧元用于扩大港口规模、完善港口多样化联运网络、加深及拓宽各港池、建设马斯平原二期工程等。随着对港口的进一步投资与建设，如今鹿特丹港区总面积100多平方千米，码头岸线总长42千米，吃水最深处达22米，可停泊54.5万吨的特大油轮。鹿特丹港共有8个港区，40多个港池，共有650多个泊位，可同时供应600多艘千吨及万吨级轮船停泊作业，其航线通往全球1000多个港口，货运量约为全国总量的4/5（见表3-1）。同时，优越的地理条件和良好的海运条件促使鹿特丹的工业发展迅猛。作为荷兰重要的重工业基地，它在炼油、机械制造、船舶修建、食品加工等领域处于欧洲领先地位。另外，它还是整个西欧最重要的金融贸易中心之一。近期，鹿特丹港发布2020年港口远景规划，主要从建设综合性创新型港口、建设环保安全型港口、建设智慧型港口、建设有洁净、可持续型港口等六个方面来着手，以进一步提升港城发展质量。

表3-1　　　　　　　　　鹿特丹港资源及码头能力

| 港区面积（平方千米） | 127 |
| --- | --- |
| 泊位数（个） | 656 |
| 航道最大水深（米） | 24 |
| 港口岸线（千米） | 42 |
| 输油管线（千米） | 1500 |

资料来源：鹿特丹港官网。

## （三）鹿特丹自由港的特色经验

**1. 开放自由度高及储运销一体化是鹿特丹港作为自由港的显著特征**

从开放自由的程度来讲，鹿特丹自由港相比较其他自贸区而言，具有更高的开放自由度。整个自由港没有固定的隔离区域，通过电脑在全港实行无形监管模式。进入港内的货物，在任何一家工厂或者仓库都可以实现保税。依据公司自身的资信情况，监管方式上存在一定的差异，信誉好的直接通过电脑进行联网信息监管，信誉不达标的则需要收取一定的保证金予以严格监管。鉴于鹿特丹港的货源主要为转口，自由港港区设立了保税仓库用于货物代售和寄存，只收取一定的仓储费用。同时，为了给货主最大的方便，海关简化了入关的手续，采用最新的信息技术，能够迅速处理相应的进出口文件。除不法商品之外，几乎所有商品都不受种类和数量限制，可以自由出入港口[1]。

从功能上讲，鹿特丹港最鲜明的特征就是储运销一体化。一直以来，发展港口物流是鹿特丹港务局的首要任务之一，通过对物流体系进行不断扩容、提升码头吞吐量以及不断更新相关物流技术，直接带动了港城区域产业的发展以及荷兰经济的腾飞。目前，鹿特

---

[1] 邓春，翟羽. 欧亚典型港口经济发展经验与模式分析——以鹿特丹港、新加坡港和中国台湾港口为例［J］. 产业与科技论坛，2017年第18期，89-90.

丹港的物流化水平已居世界前列，成为全球最重要的物流中心之一。作为综合型现代物流中心，鹿特丹港是一个高附加值港，港区内不仅有现代化的仓储设施，还提供物流设备及相应的服务。鹿特丹港提供的服务主要包括：货柜储存和修理、货物装卸、仓储、再包装、组合、测试、贴标签、分类、通关、开发票及配送到欧洲各地。靠近货物集散站和码头，有供转运使用的各种运输系统设备。在港内的保税仓库和物流中心，除了提供储运服务外，还能进行再加工。鉴于欧洲市场的高度异质性，自由港内的厂商会依据消费者需要，与当地专业工厂进行合作，对货物进行加工或处理并送至目的地①。

**2. 合理的沿港产业布局是鹿特丹港实现港城联动发展的重要基础**

鹿特丹在借助自由港政策的优势下，合理进行临港产业布局，形成了良好的港城联动发展势态。利用地理优势和便利的运输条件，鹿特丹自由港建立起包括石油化学工业、船舶制造、石化产业、机械加工、农产品加工业等在内的临港产业，随着港口不断向城市延伸扩展，逐渐形成了完整的临港产业体系。在鹿特丹港口附近，沿着马斯河南岸就分布了几大工业区，不仅包括炼油加工业、石油化学业和造船业，还有农产品加工业和食品加工业以及后勤服务业等。鹿特丹港口的相关管理部门，在临港产业布局

---

① 李梅. 我国保税港区与国外自由港的比较研究［D］. 上海：上海海事大学，2010（10）：19-20.

以及产业协调发展方面做出了很多努力，在项目设计、公用工程、物流传输、环境保护和园区管理服务方面，均实现了一体化布局。首先，兴建相应的水利工程，鼓励装卸、运输、石化、钢铁、储运代理等公司来港区开发利用码头，依托有利的地理位置大力发展造船业、水利技术、废物回收业等。其次，在具备庞大的冷藏和冷冻设施优势的基础上，充分发展食品加工产业。再次，工业贸易和航运业的繁荣带动了一系列生产性服务行业的发展，如金融、保险、信息服务等。最后，依托港口景点和博物馆等有利条件发展旅游业，使鹿特丹港成为欧洲著名的旅游景点。相关联的第二、第三产业的相互促进和带动，使鹿特丹港口具备了良性发展的持久动力。根据文献资料统计，目前在鹿特丹港区，大型的造船厂有7个，世界级的精炼厂有4个，工业煤气制造企业有4家，罐装贮存和配送企业有13家，家化学品和石化企业超过40家，服务业就业人数占到就业总人数的70%以上[①]。

**3. 高效顺畅的集疏运网络系统是鹿特丹港成为欧洲门户的首要依托**

单以 GDP 总量进行衡量的话，荷兰的总体经济发展水平低于德国、英国、法国、意大利，而鹿特丹港却是世界上最大的商品集散中心和洲际航线中转站，这与鹿特丹港口所具备的高效顺畅的

---

① 焦知岳，等. 鹿特丹经验对河北省临港产业发展的启示［J］. 合作经济与科技，2016（8）：8-9.

集疏运网络系统是分不开的。鹿特丹是欧洲重要的交通枢纽，是贯穿西欧境内的第一大河莱茵河的入海口，内河运输网络非常发达。同时，鹿特丹还有铁路、高速公路可以连接到欧洲各国的主要市场，鹿特丹国际机场可以承运来往的空运货物。重要的地理位置，加上完善的海陆空运输网络，运往欧洲腹地国家和地区的货物都可以通过鹿特丹港口顺利送达目的地。据统计，德国通过鹿特丹港进行的货物贸易量远远超过通过本国境内汉堡港的货物贸易量。

### 4. 全方位覆盖的节能减排措施使鹿特丹港成为绿色港口的引领者

鹿特丹港不仅是欧洲第一大港，同时还是国际主要港口中节能减排的引领者。鹿特丹港在2014年的货物吞吐量以及集装箱的吞吐量，相比较2008年增幅分别达到5.6%和14.0%，但二氧化碳的排放量相较2008年却下降了41.3%。鹿特丹市是参与克林顿气候行动计划的唯一港口，在《鹿特丹港口规划2030》中设置了严格的中长期减排目标。在实践中，也采取了全方位覆盖的减排措施。对节能环保型远洋船舶减免港务费，为靠港内河船舶大量安装岸基电源，新建内河船舶专门泊位并承诺在港时限，联合内河码头打造高效的物流运营网络，通过利益引导绿色内河运输可持续发展，积极游说修建连通腹地的货运铁路专线，有效联合投资方参股货运铁路专线运营[1]。通过目标的制定以及相关措施的执行，鹿特丹港的

---

[1] 董岗. 鹿特丹港的节能减排经验借鉴[J]. 中国港口，2015 (5)：59 – 61.

低碳绿色发展模式显著提升了整个区域的环境质量。

**5. 完善的危险品安全管理举措是鹿特丹港成为平安港口的保障**

在鹿特丹港口的大宗货物贸易运输中，危险品一直占有较高的比重。根据文献资料显示，鹿特丹港口 2014 年的货物吞吐总量为 4.45 亿吨，其中危险品吞吐量达到 24575 万吨，占到货物总吞吐量的一半左右。危险品构成主要有原油、矿物油、煤炭、液化天然气以及其他的液体及干散货危险品（见表 3 – 2）。危险品在运输、装卸以及存储等过程中都存在一定的安全隐患，为此鹿特丹港口分设了原油码头、化工码头、煤炭码头、LNG 码头，并将危险品码头布局在远离市区的下游方向。同时，还设立了专门负责危险品船舶进出港的协调检验机构，详细规定危险品船舶的申报时间方式及内容，结合国际公约制定危险品船舶装卸作业细则，依据国内法律出台危险品船舶清洗作业规范[①]。

表 3 – 2　　　　　2014 年鹿特丹港危险品吞吐量

| | 原油 | 矿物油 | 液化天然气（LNG） | 其他液体危险品 | 煤炭 | 其他干散货危险品 | 合计 |
|---|---|---|---|---|---|---|---|
| 吞吐量/万吨 | 9538.8 | 7500.6 | 120.6 | 3089.9 | 3040.1 | 1285.0 | 24575.0 |

资料来源：根据相关文献资料整理得出。

---

① 董岗. 鹿特丹港危险品吞吐量分析及其安全管理举措 [J]. 水运管理，2016 (1)：17 – 19.

## （四）鹿特丹自由港的战略启示

鹿特丹港的成功经验做法，对中国探索自由港建设的路径选择提供了很多有益的借鉴。第一，自由港是开放自由程度最高的一种自贸区发展模式，如何提升贸易便利化及通关效率是首要任务。自由港在促进货物、人员往来等各种要素的自由流通方面的设置，必须明显区别于一般自贸区。第二，设置自由港说到底还是为了提升经济活力，促进国家和地区的经济发展。临港优势是自由港所在城市的最大优势，港口是腹地发展的重要引擎，腹地可以为港口发展提供有力支撑。合理利用产业集聚效应，将城市建设和临港产业布局结合起来，可以形成良好的港城互动发展状态，促进港口与腹地城市及区域之间相互依托、相互影响、共生发展。第三，自由港腹地辐射效应的程度取决于其相关多式联运的基础设施的完善程度，因此在自由港区建设的同时，必须要加大对相应的立体化的交通运输体系建设的投入力度。第四，绿色可持续发展是全球经济发展模式的长久趋势，鹿特丹港在节能减排上做出的各种有效措施，为中国自由港的建设提供了很好的参考。第五，中国近些年在进出港大宗散装液态危险品以及危险货物集装箱数量、品种及载运船舶艘次急剧增加，在平安港口和安全港航方面的建设可以参照鹿特丹港所实施的危险品安全管理举措。

## 四、韩国釜山自由港的成功经验及其借鉴

釜山港作为商贸港口的历史比较久远,从 15 世纪初与日本开展贸易交流以来,经过几百年的变迁已经发展成为现代化的国际港口。韩国自 20 世纪 70 年代开始因出口导向型的经济增长模式飞速发展,港口经济的重要性在外贸经济发展的背景下显得日益重要,经济快速发展时期韩国先后建成了釜山、仁川、蔚山、丽水光阳和平泽唐津五大港口,而釜山港作为韩国的第一大商贸港口,因其优越的地理位置、不断更新的现代化设备、完善的物流信息系统、优惠的港口停靠政策、高附加值的物流园区建设等,不仅成为韩国的金融和商业中心,也成为其海陆空交通的重要枢纽,为韩国港口经济的发展提供优质经验,也为韩国对外贸易的发展提供强劲的物流支撑。

### (一)釜山港的主要优势

**1. 地理位置优越**

釜山港地理位置优越,自然条件良好,天然良港条件突出,可以一年 365 天每天 24 小时全天候无障碍进港,位于中日俄的中心地带,处于连接欧美的中心位置,临近世界海运的三大主要国

际航线，为其发展集装箱中转业务提供天然的优势。

近年来，由于我国上海港、深圳港、宁波—舟山港、广州港、青岛港、天津港等港口的发展，使得釜山港的相关业务出现下滑趋势，其集装箱中转业务被分流一部分。作为东北亚物流枢纽，韩国2014年1月提出"建设世界名港"的2030愿景目标，2014年釜山港实现1865万标箱的吞吐量，其中中转集装箱业务占比达50.5%，首次出现中转业务大于本地货物业务量的经济现象，更加强化了其国际中转大港的枢纽地位。2016年全球十大集装箱港口吞吐量排名中釜山港位居第六位。

### 2. 基础设施完善

集装箱业务的飞速发展和国际集装箱中转港的历史定位使得釜山港的基础设施建设相对比较完善，集装箱码头的装卸设备先进高效，大型龙门式集装箱卸桥为提高装卸效率提供重要保障，集装箱码头面积达63万平方米，堆场面积达38万平方米，每年可停靠2000艘以上的集装箱船舶。釜山港为了吸引中转船舶，不遗余力建设专用码头，增加码头泊位，扩建深水码头，釜山新港水深达17米以上，便利于10000标箱超大型集装箱船舶停靠，而且拥有Tandem起重机等尖端装卸设备可同时处理两个40尺集装箱，装卸效率高达35箱/时。釜山港同时拥有配套的船舶修理修配设施，可以为来往船舶提供相关服务，其最大船坞可以为15万吨重的船舶提供修理修配服务。近年来，因其他国际港口发展带来的业务分流，以及世界各大航运联盟新航线的开辟和直达航线的增多，韩国政府和釜山港务局方面正通过各种方式和措施，促进港口基础设施建设，以保障其港口经济的发展，其最终目标是在2020年前把釜山建设成为东北亚国际航运及物流中心。

## （二）釜山港的典型做法

### 1. 出台各种政策优惠措施

港口的税费政策对于中转船舶是否选择停靠和中转影响巨大，釜山港因在免税降费方面具有压倒性优势，而且还有中转奖励制度，从而使其吸引众多国际企业入驻和更多船舶中转。

（1）鼓励投资的税收减免措施。釜山港出台了一系列鼓励投资的税收减免措施，主要包括企业所得税、个人所得税、地方税以及其他税种。在企业所得税方面，根据入区企业的类型与规模的不同，釜山自贸区分别给予其5~10年的税收减免优惠。其中，5年的税收减免政策的适用对象主要为投资规模超过1000万美元的制造业企业和旅游业企业以及投资规模超过500万美元的后勤服务业，针对这三类入区企业的所得税，可以给予其前3年内100%免税，此后两年内按50%征收的税收优惠待遇。10年税收减免优惠政策的适用对象则为生物科技企业和信息技术企业，对于这两类入区企业，无论其规模大小，都可获得前7年100%、后3年内50%的税收减免。在个人所得税方面，对于自贸区内的外国投资者，按照不同的适用条件分别将其个人所得税税率减免至15%~

27%。在地方税方面，符合条件的区内企业前3年内全额免税，后两年减半征收。此外，区内企业还可享受资产并购税、注册税、财产税和土地税费的削减与免征以及增值税、征海关税、酒类消费税、特殊消费税、交通税的免征。

(2) 促进贸易的关税减免措施。为促进贸易发展，釜山自贸区制定了相应的关税减免政策。一是针对可减免法人税、所得税的外国货物，给予3年内100%关税减免优惠。二是针对某些特殊进口物品，加大关税优惠力度。例如，对于入区企业进口固定资产，制定了5年内减免100%的优惠措施，对于入区企业进口建筑材料的通关税费，则制定100%免征的优惠措施。

(3) 优化资金配置的税收补贴与财政支援。除税收减免外，釜山自贸区还出台各种税收补贴和财政支援的有利政策。如对土地收购费及建筑物租用费，分别按照总额的30%、50%进行2年补贴。在雇佣、教育训练、顾问等资金方面，政府会以补助金的形式对区内企业给予一定的资金支援。

### 2. 强化中转港功能

(1) 优惠的集装箱港口物流费率措施和奖励机制。釜山港居于世界大型集装箱港口排名前列，国际集装箱中转已成为其物流服务优势，而这种大港地位的建立巩固和服务优势的维持不仅依赖于降低港口费率、减免港口费用等经济手段，更离不开自贸区内的奖励机制。釜山港在发展国际集装箱物流中转服务过程中，为巩固其国际集装箱物流中转服务大港地位和培育持续竞争实力，长期采用降低港口费率、减免港口费用、对忠实的集装箱航运客户进行补贴等经济手段，吸引与稳定货源。釜山港对集装箱航运企业的奖励分为两种，一种是国际中转箱总量贡献奖励，对年中转量超过5万标准箱的航运企业进行奖励，釜山港这部分的支出每年约35亿韩元；另一种是国际中转箱增量贡献奖励，对于年中转量超过1万标准箱，且大于过去两年平均量的航运企业，对其按增量给予奖励（增加一个标准箱奖励5 000韩元，每家航运企业的增量奖金上限为20亿韩元）；而且这两种奖励可以叠加，满足两种奖励条件的航运企业，既可以得到总量贡献奖励，又可以拿到增量贡献奖励。釜山港的经济奖励机制，不仅大大促进了国际集装箱物流服务的发展，还有助于维护旧客源与开辟新的国际集装箱货源市场。

（2）便利的海关监管和宽松的口岸环境。釜山港自由贸易区在韩国具有一定的代表性，实施较为宽松的"境内关外"的海关监管政策，国际集装箱物流可在此自由、便利地中转，如物流在釜山港中转出口效率很高，无须备案且手续便捷。在海关监管方面，对自贸区、港口作业区和工业经济加工区实施一体化监管，集装箱货物可在区域内自由流转、加工增值后再出口，这样不仅减少了中间环节，加快了物流速度，提高了物流处理效率，还增强了对中国、日本等亚洲周边港口的集装箱货源的吸引力。在增值服务方面，釜山港已陆续完善国际集装箱物流中转增值服务功能系统，还设立了自贸区，并在港区周围建设了经济加工自由区，实施全球供应链采购、加工与增值服务的模式，以满足港口全球供应链模式的需求。在高端服务方面，釜山港还注重港区作业、自贸区与加工区等功能的叠加，即将港区的集装箱物流装卸、搬运、存储等功能，自贸区和加工区的货物国际中转、国际配送、国际采购、国际转口贸易、出口加工业务、再加工等功能，和与之配套的高端服务（如金融、保险、理赔、检测等）相结合，从而使基础物流业务与高端服务业务实现了协同式发展。

（3）先进的物流信息化系统。当前，釜山港以信息化推进物流体系建设，建立了统一的外贸进出口业务物流信息网系统。釜山港目前已成功实现以 RFID（无线射频识别）系统为基础的 "U-biquitous 港" 建设，该物流系统已与东北亚的物流网络相联结，客户可便捷访问该港湾所有物流信息。釜山港物流园区发展采用 "MCC Logistics" 模式，为各大航运公司节省物流时间和费用，吸引各国货物到此中转，使釜山港成为名副其实的东北亚最大中转枢纽。利用该系统，客户可及时掌握货物移动路径、安排装备和车辆，既提高程序效率又提高生产效率。信息智能化和有效的物流联结，使釜山港的集装箱清关仅需要一天左右的时间。此外，釜山数字物流系统的建设，不仅联通了东北亚港口的相关信息，还扩大了其物流辐射范围。除此之外，釜山港构建港口物流服务营销信息系统和一站式复合港口物流信息系统，将客户港口、航运企业、生产企业以及相关口岸管理部门的信息对接，实现信息共享化，增强自贸区港口的营销功能。

**3. 加强港口内外部资源的整合联动**

（1）加快港口整合提高资源配置效率。根据 2015 年 7 月韩国海洋水产部发布的一项战略规划，韩国政府为寻求釜山港的发展新方向，设计了"提高物流效率，积极进行功能整合"的方案。目前，釜山港包括三个组成部分，即釜山北港（旧釜山港）、釜山新港和甘川港。其中，釜山北港因基础设施陈旧，集装箱吞吐能力有限，韩国政府决定对其进行改造。首先，对北港与新港实行统一管理，并将北港的集装箱吞吐量全部转移至新港；其次，将北港打造成一个新的海洋产业集群，集休闲帆船基地、水产出口加工基地与海洋产业集群为一体。新港的建设也在不断推进，其一，预计在2020年以前陆续建成新泊位8个，装卸能力预计增加621万标准箱；同时将泊位加深至17米，以满足大型集装箱船的停靠需求。其二，为减少二氧化碳排放量，将引进新型的集装箱起重机和吊车，以电力代替原有的石油动力；为提高生产效率，还将引进码头操作自动化设施。其三，还将耗费巨资（4649亿韩元，约合26亿人民币）拆除新港入口的小岛"土岛"。这些建设完成后，新港的吞吐量将大大增加，特别是对超巴拿马型船舶和大型集装箱货船的停靠，提供有利条件；此外，新港的气候条件优越，可以提供全天候（24小时）装卸服务，对中转船只的吸引力将大大增强。

（2）积极推动港口与周边区域的联动发展。除了釜山港口的内部整合，韩国政府还积极推进港口与周边区域的联动建设。一是建设国际产业物流中心。在将新港打造成物流中转枢纽的同时，还计划在2010~2017年建成釜山西南地区的国际产业物流中心，该物流中心的建设费用预计达21641亿韩元，产业面积约567.5万平方米，横跨西洛东江，连接釜山、昌原和金海三地。二是建设新机场。为满足发展的新需求，韩国政府计划在釜山西南部的加德岛建设新机场，并将其纳入国际产业物流中心的整体建设规划。三是实行西釜山开发计划。由于釜山的旧城区、釜山港以及海云台、广安里等著名的旅游观光地主要集中东部，东部开发日趋饱和，为此，韩国政府计划对西釜山进行大规模再开发，国际城市开发规划、尖端海洋成套设备产业集群、西釜山研究开发特区和洛东江新桥梁建设规划等项目都将落户西釜山。

（3）积极推动港口战略联盟合作框架机制。为了与周边港口建立长期的战略合作关系，釜山港不断增加中国北部和南亚地区等周边港口间的支线运输，并减免服务费用，甚至提供免费的港口设施服务，以提升对国际集装箱中转货源的吸引力。目前，釜山港已与我国环渤海湾四港（青岛港、烟台港、日照港、威海港）联合签署了战略联盟框架协议，构建"中韩4+1港口战略联盟"合作框架机制，为釜山港成为国际中转大港奠定基础。

## （三）釜山港的建设经验启示

釜山港凭借其优越的地理位置、资源优势、优惠政策和软硬件投资，成为国际集装箱中转的重要港口之一，在港口的发展方面可以为我们提供一些有益启示。

### 1. 合理定位、错位发展谋长远

合理定位是港口建设的重要前提。任何一个港口的建设都必须综合考虑其地理区位、岸线、陆域、集疏运体系、生态环境、周边区域发展等因素，根据港口的客观条件，选择合适的定位，是腹地型、中转型，还是两者相结合的复合型。只有定位清晰，才能合理制定相应的港口发展规划，建立地方政府和公共企业协同治理的管理模式，为港口的长远可持续发展定下良好基调。釜山港地处中国（世界市场）、日本（世界经济大国）、俄罗斯（世界第三大资源保有国）的中心地带，并位于连接大陆和海洋的世界三大主航线之上，同时釜山港的空港航线三小时内可抵达的60多个人口超过百万人的城市。东北亚的中心地带与世界贸易的核心地区等优势决定了釜山港东北亚物流中心的定位。

寻求错位发展是提升港口竞争力的有效途径。港口建设必然面临来自临近或周边港口的同质化竞争，只有挖掘自身独特优势，寻求错位发展，才能在竞争中占据有利地位。以厦门港为例，厦门港是东南国际航运中心，厦门港的优越地理位置与以东南沿海城市群、产业群和港口群为支撑的综合条件，共同决定其为腹地型和中转型相结合的复合型国际航运中心港口。此外，厦门是海峡两岸经济区最大的台资企业聚集区，以及大陆最重要的对台贸易口岸，厦门港可依托独特区位优势，立足海峡西岸经济发展，服务海峡两岸的经贸发展，与台湾先进的物流业相互合作，大力发展对台特色港口货运业务。同时，福建与台湾一衣带水，厦门与台湾隔海相望，同宗同源，两岸人员往来密切，充足的客源为两岸的港口邮轮客运业务的发展提供了有利的条件。大力发展对台港口业务，有助于提高厦门港的竞争力。

**2. 硬件建设巩固谋形象**

（1）合理规划港口硬件建设规模。港口硬件基础设施建设的完善程度，关系到港口作业的效率和港口发展的前景，万吨级的泊位、大型的装卸设备、堆场、仓库等为提供良好的港口服务提供有力的保证，也是吸引各大船运公司和相关企业入驻的先决条件。港口在自身发展过程中，要立足定位，合理规划硬件建设规模，根据国际港口建设的经验和自身的资源特点、吞吐能力合理进行硬件基础设施的投资和整改，引进先进的设备，提高装卸作业效率，降低耗损，在政府主导基建的基础上，通过优惠政策吸引大型企业进行投资，提高基础设施建设的国际化水平，以一流的港口服务带动港口经济的发展。

（2）进行特色化建设，避免重复。目前，我国很多港口在建设过程中存在重复建设严重、运力过剩、资源浪费等现象，在进行港口硬件设施建设的过程中，要注意避免重复建设，根据港口业务的特征和港口自身的区位优势，进行特色化的建设，适用不同运力的需求，避免近洋相邻港口的同质竞争，合理开发港区资源，促进协同发展。

（3）完善物流集疏运体系，提高协作效率。港口基础设施的建设，还需要关联到全国公路、铁路、航空等运输系统，完善的集疏运物流体系，为货物的进出港提供有效的时间保障。国际多式联运业务的发展使得货物的跨国运输多了很多选择，港口的发展也需要通过基础设施的建设，为多式联运创造良好的环境。现代化的国际港口，除了发挥自身优良港湾的优势之外，需要在铁路、公路、航空等方面进行多元化的基础设施建设，通过水陆空的完美联结提升运输效率。便利的交通会促进物流的高速运转，吸引更多的物流公司入驻，带来物流产业的集群效应。搭建全国联网的公路、铁路和航运系统，提高海铁、海公、海空的联运效率，以优质的服务打造优胜的口碑，以完善的集疏运物流体系，促进港口硬件基础设施建设的现代化和国际化。

**3. 软件建设调整谋吸引**

（1）借力有利政策，助推港口发展。当前我国自贸试验区和"一带一路"建设蓬勃发展，港口建设应依托自贸区的有利政策，深化改革，扩大开放，提升港口的贸易投资便利化水平；积极融入"一带一路"建设，连通海上丝绸之路沿线国家港口，持续拓展"21世纪海上丝绸之路"的广度，将港口建设成丝绸经济带的重要节点，与中欧班列、远洋干线和物流场站联合起来实现无缝对接，实现国际货运物流的超级联合。

（2）改善口岸监管，提高通关速度。任何一个港口的建设都要全面考虑其发展定位、岸线、陆域、集疏运体系、生态环境、周边区域发展等，系统制定港口发展规划，建立地方政府和公共企业协同治理的管理模式，不随管理机构人员的变动而随意改变港口发展的规划，通过立法的形式保障港口建设的连续性和严肃性。同时要赋予口岸管理机构相应的权力，使口岸管理机构在监管方面拥有更大的自由度和更灵活的做法，及时根据市场变化做出相应的调整，提高集装箱运输在口岸环节的物流速度，以在市场竞争方面巩固其领先优势。港口的定位不同，主营业务也相异，货物处理流程和通关环节也不同，从而对海关等口岸部门的监管协调提出了不同的要求。因而要改善口岸监管，设计与港口业务相适应的、相对宽松、便捷和高效的口岸特殊监管机制。此外，还需加强信息技术在港口管理中的作用，实现港口信息智能化。

（3）加强营销力度，拓展增值服务。发展多元业务，避免中转依赖。港口的发展不能禁锢于某种业务，世界经济发展瞬息万变，各国国际地位和国际分工的变化，世界资源价格的调整，都有可能带来贸易流向的改变，而航运公司联盟的设立，航运政策的改变以及燃油费的调整都有可能使船舶的航线进行调整，大批量的中转业务也许将成为历史。因此，港口应发展多元化业务，开发高附加值物流园区等，加强对外营销的力度，拓展增值服务，以建设自由港为目标，在港区实行投资、金融、贸易等各项服务的自由化，各种税费的豁免，以实体经济和虚拟经济的共同发展带动港口经济发展。

## 五、德国汉堡自由港的成功经验及其借鉴

### （一）汉堡自由港的基本情况

德国汉堡自由港依托汉堡港而建立，作为欧洲自由经济的典型，汉堡自由港存在的历史比德意志联邦共和国的建国史还要长。汉堡自由港于 1888 年 10 月 15 日正式建立，2013 年 1 月 1 日退出历史舞台。在其 125 年的发展历程中，占汉堡港区面积大约 1/5 的汉堡自由港，曾跻身世界上最著名、最繁荣的经济自由区之列。汉堡自由港坐落于易北河、阿尔斯特河和比勒河的汇流处，又经易北河直通北海，还通过运河与波罗的海相连，将河运与海运互联互通，河港与海港功能兼备，故而汉堡自由港亦被称作"两海三河之港"①。汉堡自由港还地处世界三大干线航线上，且位于欧亚大陆桥上的起讫点上②，是德国第一大港，也是欧洲第二大集装箱港，被誉为"德国迈向世界的门户"。

**1. 汉堡自由港的发展演变**

汉堡自由港的发展演变经历了兴、衰、涅三大阶段。

---

① 汉堡港竞争力关键：物流和服务效率［J］. 珠江水运，2013（9）.
② 袁晨. 汉堡港发展特点若干思考与经验借鉴［J］. 中国远洋航务，2013（12）.

(1) 凭关税优惠而繁荣。1888 年,汉堡自由港正式成立。1909 年自由港扩展到万德拉岛,1910 年又把西部瓦尔特霍夫并入自由港。其发展模式从以转口贸易为主逐渐拓展到综合贸易,主要囊括了货物中转、仓储、流通、加工和船舶建造。汉堡自由港凭借税收减免、手续简化等优惠政策为贸易提供了充分的自由和便利,同时也实现了自身繁荣。为适应自由港拓展,海关办事处也相应增加。后来为了控制走私,汉堡海关管理又发生一系列变革:从建立海关检查总局以集中海关监管。1949 年联邦德国成立,随后的"经济奇迹"使自由港生机盎然,作为德国最大港和货物集散中心,汉堡自由港业绩和实力蜚声世界,在当时享有"欧洲门户""世界市场"的美誉。[①]

(2) 随市场一体化而衰落。1957 年欧共体成立,德国海关法逐步向欧共体海关法靠拢。20 世纪末,汉堡的加工业逐步萎缩。且由于德国加入欧盟,自 1994 年起汉堡自由港成为欧盟的"关内",改称为"自由加工贸易区"。按照欧盟规定,此区域属于欧盟关境内享受特殊政策的区域,但不再视为第三国。并规定"自由加工贸易区"可以设在包括港口及其他任何区域,汉堡"自由加工贸易区"为海关监管区域,外国货物进区后 45 天内不征收关税,45 天后根据货物不同去向分别处理,进入保税仓库、加工区,或进入关税区而享有不同的关税政策。汉堡港面临着港

---

① 高睿. 德国汉堡自贸区的百年兴衰启示 [EB/OL]. http://city.china.com/thinktang/11174544/20151023/20616709.html,2015 – 10 – 23.

口经济结构的转变和欧盟各国自由区和海关立法的一体化两方面的挑战。当时作为自由贸易区,其主要优势是具有非欧盟进口货物和进口储存货物不向海关申报和出示货物的自由;应税货物滞留自由贸易区期间免除关税和其他管制。然而,美国"9·11"事件后,各种货物入区均要求申报。同时,欧盟内部统一大幅下调关税,再加之欧盟不断扩张成员国,内部大部分货物实现免税流通,形成单一市场,使自贸区关税减免的优势渐渐弱化。此举使非欧盟的货物量严重减少。另外,自贸区内的杂货90%以上实现了集装箱化,仓库城的存在变得可有可无,最终在2003年转变为保税仓库。使得转口贸易的企业无须依靠自由港就可实现保税。而与之形成鲜明对比的是,原有进入自由贸易区的手续优势会导致交通拥堵,影响物流进度。汉堡自由贸易港的式微之势终于无可避免。

(3) 为更开放未来而涅槃。2013年1月1日,汉堡自由港历经125年后正式宣告关闭,成为汉堡港走向更加开放未来的关键一步[1]。汉堡自由港由兴转衰而涅槃,有其独特的历史大背景,其经验对于当前中国乃至亚洲都很热的自贸港建设仍具有重要的启示意义。汉堡自由港的优势逐渐被削弱最终消失,既是欧洲市场自由化,更是区域经济一体化和经济全球化日益深入发展的必然结果。作为欧洲第二大港,汉堡港如今和荷兰鹿特丹港、比利时安

---

[1] 陆振华. 专访汉堡港副主管曼弗莱德·林德洛夫:汉堡港不是一个工业园[N]. 21世纪经济报道, 2014-01-06.

特卫普港一样,成为欧盟的一个重要海关港。

### 2. 汉堡自由港的现状

当前,汉堡港正积极创新改革,结合"德国工业4.0"等大战略,通过信息化、数字化、智能化等手段,在物流条件、服务效率等方面打造汉堡港竞争力新优势。

(1)打造环保高效智慧港。汉堡智慧港由智慧能源方案和智慧交通方案两大支柱组成。智慧能源方案旨在用再生能源替代传统能源,实现节能减排;汉堡港拥有世界上第一台LNG发电船。智慧交通方案则有效助力港口效率提升,汉堡港务局开发了19项智慧解决方案,包括模拟空箱堆放系统等,利用现有基础设施,汉堡港实现了用信息流管理贸易流的目标。

(2)积极参与"一带一路",倡建互联互通的"港口联盟"。汉堡港积极参与"一带一路",大力推行全新的ChainPort(港口联盟)概念,它旨在建立一个世界性的交流平台,一方面传递合作港口之间的重要信息;另一方面也要为共同解决未来导向型和创新型问题建立基础[1],以加强联盟港口之间的数字化和网络化互联互通协作,共同挖掘开拓市场。

(3)汉堡港在2016年的海运货物吞吐量实现复苏性增长,件杂货及大宗货物吞吐量共计1.382亿吨。汉堡港的海运业务发展稳

---

[1] 徐亦宁. 汉堡港——"新常态"下市区港口发展新举措[J]. 中国远洋航务, 2016 (7).

定,2016 年明显处于上升趋势,同比增长 0.3%。增多的件杂货转运量弥补了略微下降的大宗货物运输量。2016 年,通过铁路进出港口的货物达 4640 万吨(+1.5%)和 240 万标准箱(+2.4%)。汉堡港的集装箱吞吐量报告显示,2016 年进口和出口都实现了增长。进口方面达到 460 万个标准箱,增长了 1.2%;出口方面达 430 万个标准箱,增长 0.7%[1]。而作为中欧海陆货运枢纽,汉堡港集装箱约 30%来自中国,50%来自亚洲。

## (二)汉堡自由港的主要做法

汉堡自由港是欧洲第三大集装箱港口,位列全球最大集装箱港口第 17 位。43 千米码头提供近 300 个泊位,4 个最先进的集装箱码头,3 个邮轮码头和 50 个专门设施处理各种散货,约 7300 个物流公司……这些硬件设施结合高效的管理方式促成了汉堡自由港成为世界上最灵活、最高性能的通用港口之一。[2]

### 1. 优惠政策

汉堡自由港提供的各项优惠政策,对制造商和分销商产生了巨大的吸引力,伴随着全世界国际贸易的飞跃性增长,成为一个全球化的港口和贸易中心。

---

[1] 汉堡港货物吞吐量再次增长 [J].铁路采购与物流,2017 (2).
[2] 汉堡港官网,https://www.hafen-hamburg.de/.

（1）自由的税务环境。汉堡自由港共有仓储堆栈100多万平方米，进入汉堡自由港的货物无须报关，海关不作检查，也不征收关税，这些货物可储存在自由港内，只是在货物离开自由港区进入德国或欧盟时才进行海关检查和征税，这对货主产生了巨大的吸引力。同时，在汉堡自由港区内的货物加工和交易无须缴纳增值税，这吸引了许多公司在汉堡自由港区内开展各种货物，特别是高价值商品的加工、包装、分类等作业。[1]

（2）便利的过境贸易。自由港对过境贸易给予无限制的最大程度的自由，货物可以再装船、贮存在过境仓库中、可将货物从一条船装到另一条船上，或装上内河小船，或以公路、铁路运输而不受任何限制，无须办理海关手续。[2] 另外，为了在货物抵达目的地国家时不再办理报关手续，货物代理人可在汉堡作为入境港使用EDI通信方式办理欧盟的海关手续。由海陆路到达汉堡港的货物完成欧盟报关后，就可以从汉堡运至目的地国家，而无须在最后目的地再办理报关。

（3）极高的通关效率。只进出汉堡自由港无须向海关结关，船舶航行时只要在船上挂一面海关关旗，就可不受海关的任何干涉；凡进出口或转运货物在自由港装卸、转船和储存不受海关的任何限制，货物进出不要求每批立即申报与查验，甚至45天之内

---

[1] 见习记者余峰. 2005年汉堡港全球地位攀升 [N]. 中国水运报, 2006 - 02 - 10 (005).

[2] 高培新. 论厦门特区实行某些自由港政策问题——中国香港、汉堡、利物浦自由港发展的启示 [J]. 厦门大学学报（哲学社会科学版），1989 (1)：39 - 45.

转口的货物无须记录,货物储存的时间也不受限制①;同时,在自由港内的货物装卸、运输、储存、加工、包装、抽样检查无须办理海关手续,对期限和数量也无限制。

(4) 海关可代办业务。自由港的海关可以为尚未确定买主的商品储存提供代办业务,客户对储存于港内的货物可随时进行不受限制的了解,买主可在购买前对货物进行检查,货物可从自由港仓库内迅速发货等。海关代办这些业务,对自由港的进出口客户都极为有利,不仅增加了卖方的销售机会,也增强了买方的市场地位②。

**2. 码头建设**

汉堡自由港区陆地、水面纵横交错,拥有世界上最多的泊位,船只装卸快、泊港时间短,从而在国际航运界赢得了"快港"的美称。为了适应集装箱运输的发展,汉堡港开发新建了4个大型集装箱码头,并采用了先进的装卸设备和货物管理系统。

(1) Altenwerder集装箱码头。Altenwerder集装箱码头是由汉堡港最大的码头经营者"汉堡港口和仓储有限公司"(HHLA),与总部设在汉堡的"赫伯劳埃德航运公司"合作经营的③。它是汉

---

① 张帅. 国际航运中心建设和发展经验——以汉堡港为例 [J]. 物流科技,2010,33 (1): 18 – 20.
② 高培新. 论厦门特区实行某些自由港政策问题——中国香港、汉堡、利物浦自由港发展的启示 [J]. 厦门大学学报 (哲学社会科学版),1989 (1): 39 – 45.
③ 高培新. 论厦门特区实行某些自由港政策问题——中国香港、汉堡、利物浦自由港发展的启示 [J]. 厦门大学学报 (哲学社会科学版),1989 (1): 39 – 45.

堡港最现代化的集装箱码头，集装箱装卸几乎完全采用自动化，无人驾驶的车辆在码头和块存储区之间运输集装箱，不仅提高了装卸效率，还压低了运营成本。同时，火车、卡车和支线集装箱船都可以安全、快捷地运进和运出集装箱，大大缩短了航运公司的船期。

（2）Burchardkai 集装箱码头。Burchardkai 集装箱码头也是由 HHLA 公司经营的，其拥有汉堡自由港最大的货物装卸设施，拆箱、装箱、堆存和配送等服务一应俱全，有众多的支线船舶网络，每年有超过 5000 艘船舶在 10 个泊位装卸。该码头的计算机集装箱配载和堆存控制系统，能准确地确定每个集装箱的位置、箱内货物、目的地的信息，因此装船计划可事先制订。再加上码头配备了先进的 Twin–Forty 集装箱起重机，一次就能装载或卸载两个 40 英尺的集装箱，更是大大加快了装卸速度。

（3）Tollerort 集装箱码头。Tollerort 集装箱码头为 HHLA 经营的 3 个集装箱码头中最小的一个，提供 4 个泊位，总共 8 个集装箱龙门架，可以处理巴拿马极限型船。自 2000 年起码头就使用了无线数据传输系统，整个码头的操作都是通过控制系统实时监控或控制堆场上和船上的集装箱作业。随着附近港池的填埋和扩建，岸线将在未来几年扩大建设，HHLA 集团准备在该码头再增加两个泊位。

（4）Eurogate 集装箱码头。Eurogate 集装箱码头汉堡位于 Waltershofer 港口的中心，可直接通往 A7 高速公路，由欧洲最大的码头和运输集团 Eurogate 经营的。该码头占地 110 万平方米，岸线总长 2100 米,水深 15.1 米,拥有 21 台集装箱起重机(其中 19 架为 Post – Panmax)和 140 多架货车,6 大型船舶泊位可确保在 365 天和 24 小时内快速处理集装箱装卸。为了应对未来的挑战,Eurogate 集团决定将码头岸线扩展到 Bubenday Ufer,码头年装卸能力将提升为 600 万 TEU,扩容工作预计于 2019 年完成。

**3. 管理方式**

汉堡自由港实行"港区合一"的管理架构、信息化的管理系统和柔性的港口服务等不断创新的管理方式,不仅满足了经贸发展的新要求,而且提高了自由港的国际竞争力。

(1)"港区合一"的管理架构。汉堡自由港实行"港区合一",经政府授权的自由港管理局,是汉堡市商务、运输和经济农业部的下属专门机构,负责管理和协调汉堡自由港的整体事务。港口管理局的主要任务是在对所有港口企业一视同仁、公平对待、创造条件、保证公平竞争的前提下,负责下列职责:制定港口总体规划;全港的安全管理;监督港口企业遵守政府法规;管理港口的基础设施[1]。自由港的海关则由联邦政府管辖,水上警察由联邦内务部管辖,环境由环保部门管理。海关对各通道进行执勤管理,沿河岸由海关巡逻艇控制,每天有 800 名海关人员值班[2]。

(2)信息化的管理系统。汉堡自由港自动化和机械化程度很

---

[1] 尹凡. 汉堡港管理体制改革启示 [N]. 中国水运报,2002 – 05 – 31 (003).
[2] 高培新. 论厦门特区实行某些自由港政策问题——中国香港、汉堡、利物浦自由港发展的启示 [J]. 厦门大学学报(哲学社会科学版),1989 (1):39 – 45.

E 中国自由贸易港探索与启航——全面开放新格局下的新坐标
Exploration and Sail on China's Free Trade Port: New Coordinate under The New Ground in Pursuing Opening Up on All Fronts

高，码头装卸全部由计算机控制，船只一到港就能立即装卸作业，极少造成货物积压的现象，泊港作业时间短，基本是港等船，很少出现船等港的现象，因此素有"快港"的美誉。汉堡自由港配套服务是由汉堡港口和仓储有限公司（HHLA）提供的由计算机控制的高端仓储服务，其仓储设施可存放各种高价值的进口货物。汉堡港口管理局还采用 GPS 实时监控系统对进出港的非引航船舶和引航船舶情况、船舶装卸及码头仓储作业情况、航标动态等进行全天候安全监控，及时掌握全港安全动态信息。同时，还配备了 20 多艘先进的巡逻船负责日常的管理工作。[1]

（3）柔性的港口服务。汉堡自由港对进出的船只和货物提供自由和便捷的管理措施，这种最大限度的自由贯穿于从货物卸船、运输、再装运的整个过程中。汉堡自由港根据用户的需要，提供柔性化的港口物流服务，及时有效地处理多货种、多功能、范围广和不同周期的综合物流活动。汉堡港在自由港内为多家公司开展各种货物特别是高价值商品的加工、包装、装配、分拣、修理等作业。为货物代理人使用提供 EDI 通信方式、办理欧盟的海关手续等。汉堡自由港共有 1700 多家专业货运公司，服务范围遍及整个德国和欧洲其他地区，提供各种仓储、配送、进出口集装箱装拆箱和门到门服务。[2] 与此同时，汉堡自由港的转口贸易也带动

---

[1] 见习记者余峰. 2005 年汉堡港全球地位攀升 [N]. 中国水运报，2006 - 02 - 10（005）.
[2] 张帅. 国际航运中心建设和发展经验——以汉堡港为例 [J]. 物流科技，2010，33（1）：18 - 20.

了金融、保险等第三产业的发展，使汉堡成为德国的金融中心之一。

## （三）汉堡自由港的经验启示

德国汉堡港从 1888 年 10 月 15 日正式建立，到 2013 年 1 月 1 日汉堡港自贸区的正式废除，这个曾经世界上最自由港口的关闭，并不意味着自由港的建设已经过时，而是国家或地区经贸自由化水平和经济发展阶段的历史选择。汉堡自由港 125 年的建设发展历程，对世界各地的港口建设具有典型的样本意义，不仅提供经验，还启发思考。

### 1. 定位合理与制度创新

港口建设的定位必须与本区域经济发展水平相适应。根据本地、本国或本区域的经济发展状况与现实需求，结合本地经济特色，对港口建设合理定位，才能有利于促进当地经济的发展，否则可能成为经济发展的桎梏。德国汉堡港在经历了 125 年的繁荣发展，但随着欧盟关税同盟的建立，只有欧盟以外的第三方国家或地区的货物进入汉堡自由港区时才可享受自由港的关税优惠，而进出汉堡港的货物有 2/3 来自欧盟内部，汉堡自由港的优势弱化甚至消失；此外，汉堡自由港所有的集装箱卡车进港区时都要管控，每年需耗时处理大约 100 万只空集装箱港口的过境关卡手续，造成严重的交通拥堵，汉堡自由港的管理模式成为汉堡经济发展的阻碍。因其与欧盟经济发展自由化程度不相适应，以关门告终。

不断创新管理制度以满足经济发展的新需求，是港口建设持续发展的必要前提。经济的发展是一个动态过程，新产业、新经济形式、新贸易形式、新运输方式、新合作方式等不断出现，只有与时俱进地进行制度创新，探索新的管理模式，才能满足经贸发展的新要求。德国汉堡自由港曾是德国最大的综合性港口、欧洲第二大港、欧洲最重要的中转海港、欧洲首屈一指的物流配送中心，曾是世界上规模较大的经济自由区之一，但随着欧洲经济的发展，欧盟统一市场的扩张及经贸自由化程度的不断提高，汉堡自由港的关税优惠吸引力随之下降，海关、港口与运营也发生变化，而港口的管理制度趋于落后，汉堡贸易港由此惨遭淘汰。

**2. 完善立法与加强监管**

港口建设的发展离不开法律的保障。只有完善港口的相关法律法规，以法律的形式从国家的层面来实施港口统一管理，从而保证港口建设有序顺利地开展。无论是欧盟委员会还是德国联邦宪法等法律，对自由区的设立、自由港的管理都有明确的管理规定或相关法律条款；韩国也出台了四部关于对自由贸易区等区域管理的法律；美国、新加坡、巴西、印度等国家都有自贸区的相关立法。我国当前对港口管理的立法仍然不够完善，特别缺乏国家层面的相关立法，随着当前自贸试验区和"一带一路"的建设与发展，加快港口区域、港口管理的立法，十分迫切与必要。

随着世界安全形势的变化，港口安全问题和管理压力随之逐渐累积，提高港口监管力度十分必要。首先，保障公众安全是自由港发展的前提条件。自由港内的人员、货物流动，通常是自由、不受限制的，但仍然存在有限的监管，对某些可能对人、动植物、环境等造成危害的特殊人员、财产、货物、建筑物等必须进行有效监管。其次，防止走私也是港口监管的一大任务。我国港口管理可以借鉴汉堡自由港海关百年发展的丰富管理经验，阻止奢侈品、电子产品、武器、石油等产品的走私，保障国家经济利益。

### 3. 提高效率与多元发展

提高通关效率，是提升港口竞争力的有效途径。随着现代航运业的发展，港口竞争已从税收优惠竞争转向效率与服务的竞争，基于我国当前经济发展形势，必须多管齐下。一是继续实行税收优惠政策，吸引过往船只；二是注重信息技术应用，提高服务质量和港口通关便利化水平。通关便利化程度和物流效率直接影响着港口货物转运量及港口交通的顺畅程度；快速通关和高效物流必然有助于提高港口效率，提升港口竞争力；反之，若通关和物流效率不能满足当前贸易便利化的需求，服务质量随之下降，港口对船只的吸引力便无从谈起；三是注重发展与优化港口的水陆空多式联运的连接系统，以提高物流效率和港口的吞吐能力。

多元发展有助于提高港口的综合竞争力。我国当前港口发展可在转口贸易、仓储保税、加工制造和服务业为主的传统模式的基础上，注重对金融、保险、投资、贸易、船代、货代、包装服务、信息服务、通信、综合物流运输、物联网等行业的培育和发展,为港口经济发展提供良好的经济环境。同时,也可借鉴汉堡市的相关做法,在港口所在地设立领事馆、办事处等,为港口提供良好的政策环境,努力打造港口的综合竞争力。此外,为避免与邻近港口的竞争,港口可以结合自身的区位优势及经济发展特点,选择错位发展,以避免业务与服务的同质化,也可以采取相互参股的方式,使邻近港口之间既展开竞争又相互合作,促进共同发展。

## 六、中国香港自由港的成功经验及其借鉴

### (一) 中国香港自由港的发展概况

1841 年香港就被宣布为自由港。中国香港自由港的范围覆盖整个香港地区,可以称为自由港城,即包括港口及所在城市全部地区。中国香港自由港经历了由单一专业型向综合型的转变,即由转口贸易型自由港(1841~1952 年)、加工贸易型自由港(20 世纪 50~60 年代)向综合型自由港(20 世纪 70 年代末~80 年代)和跨区域综合型自由港(20 世纪 90 年代至今)的转变。[①] 历经 176 年的发展,中国香港已经成为全球公认的最自由开放的自由

---

① 陈会珠、孟广文、高玉萍、杨爽、邵擎峰. 香港自由港模式发展演化、动力机制及启示 [J]. 热带地理, 2015 (2).

港之一，是其他国家或地区自由港建设的重要标杆。自 1995 年起，中国香港已连续 23 年被美国传统基金会评选为全球经济最自由的地方。中国香港贸易自由、营商自由和金融自由等方面连续多年被传统基金会评选为全球第一。尽管中国香港地域狭小、资源匮乏、人口不多，但是多年来的低税负、自由开放和公平竞争的经济政策，创造了一个又一个经济奇迹。当前，中国香港人均 GDP 位居世界前列，贸易、金融、航运十分发达。

**1. 中国香港是全球最重要的国际贸易中心之一**

中国香港一直视对外贸易为经济发展的重要支柱，是全球前十大贸易实体之一。香港的对外贸易模式经历了重大变化，实现了从转口贸易为主到加工贸易为主再到离岸贸易为主的历史性转型。近几年，离岸贸易的发展促进了香港服务业的转型升级，提升了香港服务贸易的国际竞争力，强化了香港的国际贸易中心地位。

2016 年香港进出口总额为 10640.7 亿美元，居世界第 7 位，占世界贸易额的 3.3%。其中出口 5167.34 亿美元，居世界第 6 位，占世界出口额的 3.2%；进口 5473.36 亿美元，居于世界第 7 位，占世界进口额的 3.4%。2014 年香港服务贸易总额为 1853 亿美元，排名世界第 18 位。

另据联合国贸发会的统计数据，2016 年中国香港吸引外资 920 亿美元，居世界第 4 位，仅次于美国、英国和中国内地。2016 年中国香港对外投资 620 亿美元，位居世界第 6 位。在双向投资方面，自回归以来，香港已经成为内地吸收境外投资的最大来源地和内地最大的境外投资目的地。

**2. 中国香港是世界著名的国际航运中心**

香港港是中国天然良港，地理位置优越，是远东的重要航运中心，也是全球供应链上的重要枢纽港。香港拥有优良的港口设施，先进的港口管理制度和高效的作业流程，使得香港港口成为全球最繁忙、最高效的国际集装箱港口之一。截至2004年，中国香港港集装箱吞吐量一直雄踞全球首位。2005年被新加坡港超过，近几年又相继被上海港、深圳港和宁波—舟山港等内地港口超过，但2016年香港港口集装箱吞吐量仍然达到20114000标准箱，居世界第5位。

另外，2016年香港机场共接待旅客7050万人次（排名中国第2，亚洲第4，全球第8），飞机起降量达411530架次，分别按年增长2.9%及1.4%。香港国际机场的飞机起降量及货运量亦创单日新高，分别达1270架次及逾16700吨。货运量达至452万吨。香港国际机场连续七年稳居世界第一大航空货运枢纽，接近全国所有机场货运总量的1/3。另外，2016年访港旅客达到56654903人次，其中来自内地42778145人次，非内地旅客13876758人次。香港是全球接待游客数量最多的城市之一。

**3. 中国香港是全球领先的国际金融中心**

中国香港拥有良好的法治环境、综合化的专业服务能力、税务公平、信息开放和自由等优势，使得香港成为最具竞争力的国际金融中心。香港证券市场交易活跃，流动性很高，而且对资金流动不设限制，也没有资本增值税或股息税，吸引了全球各地的资金来此投资。截至2016年12月30日，香港交易所共有1973家上市公司（其中主板上市1713家，创业板上市260家），总市值达247613亿港元，是亚洲第四大及全球第八大证券市场。中国香港是全球最活跃的首次公开招股市场之一，2016年共有126家公司在香港新上市，IPO金额达251亿美元，集资金融连续两年位居全球之首。另外，中国香港是全球主要的外汇市场之一，外汇交易活跃，日均交易金额位居世界第4位。香港还是全球五大黄金交易中心之一。1974年，香港撤销了对黄金进出口的管制，此后香港金市发展极快，填补了纽约市场收市至伦敦市场开市这段时间的空当，与全球黄金交易网络保持高度密切的联系。

## （二）中国香港自由港的主要特点

香港自由港之所以成功，得益于完善成熟的硬件和软件环境。硬件方面，香港拥有发达的航空、海运及陆地交通网络，与经济腹地和全球市场相互连通；拥有先进ICT系统、云数据处理系统等，构建全球领先的数字网络环境。软件方面，拥有自由宽松的无障碍投资环境；拥有简单税制及低税率，降低企业运营成本；拥有发达的专业服务为基础的综合服务体系。香港自由港的特点可以归结为贸易自由、投资自由、金融自由、自然人移动自由、低税负和自由市场调节六个方面。

中国自由贸易港探索与启航——全面开放新格局下的新坐标
Exploration and Sail on China's Free Trade Port: New Coordinate under The New Ground in Pursuing Opening Up on All Fronts

**1. 贸易自由**

中国香港长期奉行自由贸易政策，商品自由进出，进出口手续简便。国际航运自由，贸易结算十分便利。

一是对进出口贸易不设置管制。香港进出口极为自由，配额和贸易管制很少。对进出口贸易主体、商品种类、进出口数量和价格等方面均不作限制。仅从食品安全需要，对活鸡进口实行总量控制。若干耗蚀臭氧层物质须受配额及发牌管制。只对军需物资、部分电子、电讯、导航设备等战略物品进出口实施全面严格的管制。另外，香港没有主动的配额限制[①]。

二是不设置关税壁垒。香港对一般进出口货物都不征收关税和消费税，不设增值税，也没有任何关税限额和附加税，进出口交易费用极低。但有四类商品例外，包括烟草、酒精、碳氢油类和甲醇，进口要交关税和消费税。如在20摄氏度的温度下量度所得酒精浓度以量计多于30%的酒类，要按100%的税率缴税。

三是进出口环节手续简便。除少数受贸易管制的商品外，一般商品的进出口无须报批。进出口报关手续极其简便，一般只需要在货物进出口14天内向海关递交一份资料正确及齐备的进口或出口报关表格即可。转运货物、过境货物等都可以豁免报关，促进了转口贸易和离岸贸易的发展。香港通关便捷高效。除常规通

---

[①] 商务部国际贸易经济合作研究院课题组，邢厚媛. 中国（上海）自由贸易试验区与中国香港、新加坡自由港政策比较及借鉴研究［J］. 科学发展，2014（9）.

关方式外，香港海关推出了一系列便捷的通关策略，如"海易通计划""以自愿和信任管理为基础的香港认可经济营运商计划"等①。香港海关对进出口货物进行抽样检查，并采取措施以尽可能减少对各出入境管制站造成的干扰。

四是国际航运自由。海上运输业对巩固香港国际贸易中心地位十分重要。香港处于远东贸易航路的中心节点，是货物的集散地，始终扮演着国际航运中心的重要角色。香港更因其发达的航运服务，如船舶管理、海事法律服务、船舶投融资、船舶租赁及买卖、船舶评级和航运保险等而广受赞誉。香港自由港航运自由体现在船舶自由进出、航运企业自由经营和船舶自由登记三个方面。外来船舶不用办理进港申请及海关手续，船只进出香港港口时都无须向海关办理结关。所有的货物可以在香港自由装卸、转船和储存，不受限制。关检及卫检手续简便，物流体系流畅便捷。

五是贸易结算自由。港币是可自由兑换货币，香港允许企业开立多种货币账户，而且不限制贸易结算货币币种。香港拥有成熟、活跃的外汇市场，同时汇集了全球顶尖的银行机构，离岸金融发达，形成了成熟、完善、便利的金融服务网络，能满足各种贸易结算和融资方式的需求。

### 2. 投资自由

中国香港对外来投资开放程度高，海外投资者和本地投资者，

---

① 张凡. 对标香港，自由贸易港建设要分几步走？［EB/OL］. 中国贸易新闻网，2017 – 10 – 26. http：//www.chinatradenews.com.cn/content/201710/26/c5648.html.

无论其所有权归属、种族和国籍，均可以享受"国民待遇"，不存在任何歧视或偏袒措施。政府不干预企业的经营活动，也无存在对企业的任何补贴政策。在法无禁止的范围内，可投资从事任何行业。投资自由具体表现在行业准入限制少、注册条件宽松、注册效率高等方面。

一是行业准入限制少。在香港，绝大多数投资领域的进入及经营极其自由，没有限制。只有少数部门例外，如金融，电讯、公共运输、公用设施及部分大众媒体等行业。香港允许外商投资可以拥有100%的股权、100%的资本和利润返还，政府不干涉企业的经营活动，外资企业和本地企业可以自由平等竞争。

二是企业注册条件宽松、效率高。香港没有规定企业最低注册资本限额，对到位资金亦不作要求，因此无须验资。注册资本在公司成立后也可以任意地增加，只要通过股东大会决议，按规定提交一定的资料和费用给香港公司注册处即可。香港企业注册与登记手续简单快捷。不管是本地还是外国公司，无论是公营企业还是私营企业，均一视同仁进行注册登记。注册公司手续简单，耗时短，一般六个工作日内可以获发相关证书，而且收费极低。

### 3. 金融自由

中国香港已经实现了资本项目下的完全对外开放。香港是亚洲地区唯一的"一体化"离岸金融中心，资金及一般等价物（黄金）进出香港均无限制。港币是可自由兑换的货币，在香港外汇市场上，可以不受限制的将港币和其他货币进行相互兑换，香港的投资者可以全天 24 小时在世界各地的外汇市场买卖外汇。

中国香港是仅次于伦敦和纽约的世界第三大国际金融中心，法律制度完善，监管透明高效，银行体系完整，拥有先进完善的交易、结算及交收设施，以及自由的证券交易制度和最开放的债务市场，丰富多样的投融资渠道，可为国际投资者提供便利的投融资服务。

### 4. 自然人移动自由

中国香港作为自由港，出入境政策十分自由，人口流动和劳动力流动拥有很大的自由性和国际性。香港为访客、外地游客和本地居民提供方便的出入境措施。现在约有 170 个国家和地区的国民，可获免签证来港旅游长达半年。即使是有些国家没与香港订立免签证入境协议，也很容易办理签证进入香港。香港允许在港企业自由雇用外国员工。香港允许输入劳工，只要雇主向香港劳工处的申请办事处递交申请及取得原则上的批准即可。此外，香港提出"输入内地人才计划"，该计划不设限额，亦不限行业，输入的优才和专才数目由香港本地人力市场的需要自行调节。

### 5. 低税负

中国香港的低税负吸引了众多跨国公司汇聚于此。香港低税负主要表现在两个方面：一是香港税制简单、税种少，且一直处于不断精简的状态。香港主要征收 3 种直接税：利得税、薪俸税和物业税，并设有免税额制度。香港没有增值税、营业税和红利税。

而且香港以地域为征收税项的基础，只对来自香港的利润及收入征税，对境外利润及收入不征税。二是香港的税率低。以利得税为例，税率分别为16.5%（适用于法团业务）和15%（适用于非法团业务），同时企业亏损可无限期结转以扣减税款，并有计划进一步降低在港中小企业的税负水平。香港企业的税负水平不仅远远低于东亚及太平洋地区经济体平均水平（34.5%），更是大大低于经合组织经济体的平均水平（41.3%）。另外，从个人所得税（薪俸税）来看，香港薪俸税应付税款按比例递增由2%~17%不等的四级累进超额税率，还规定了一些免税及扣除项目。每名纳税人需缴纳的税款不会高于其总收入的15%。经计算，如在月薪为3万元这个收入水平上（假设供养一个小孩和一个老人），内地个人所得税税负为香港的4.43倍。由此可见，香港个人所得税税负不仅低于内地水平，也大大低于欧美国家，因此吸引了全世界的大量优秀人才到港创业和就业。

### 6. 自由市场调节

香港自由港的成功，离不开其"积极不干预"的自由经济政策。中国香港一直以来都是自由市场的典范，让商品及要素自由流动，企业自由竞争、自主经营，让市场发挥资源配置的作用，政府尽量避免对私人经济干预，最大程度地发挥市场这只"看不见的手"对经济的调节作用，约束政府这只"看得见的手"，使得香港经济不断迸发新的活力，吸引全球资本的目光。在香港，所有的商品及生产要素都依赖于市场的价格调节机制，完全受供求规律制约，政府极少对市场价格进行干预。各家公司、各种商品在市场上较为完全的自由竞争,优胜劣汰,企业只有高度适应国际市场的变化,积极调整生产及营销策略,不断提升自己的国际竞争力,才能在竞争中生存下来,企业的竞争意识和生存能力不断增强。政府只有在市场机制自动调节失灵并且影响到公众利益时,才会进行必要的干预,如在发生金融危机时出资救市等。政府在经济中的作用,更多的是为自由市场的正常运作提供保障和服务,如改善投资和经营环境所必需的交通、通信等"硬件"设施和教育、培训、咨询、司法服务等"软件"措施等。但随着中国香港土地、房产等资产价格高昂,国际航运中心和国际金融中心面临来自中国内地和新加坡的激烈竞争和挑战,贫富悬殊不断加剧,香港产业出现空心化,香港是否应继续坚持积极不干预主义引起了争议。

### (三)中国香港自由港的成功经验及其借鉴

作为全球著名的自由港,香港进出口条件宽松、资金人员流动快捷、企业税负最低。从香港自由贸易港政策来看,主要的方向是放松各类监管、提供优惠政策、促进贸易投资自由化和各种要素自由流动。大陆推进自由港建设,要从贸易、投资、金融、自然人流动、税负等几个方面借鉴香港自由港的成功经验。

**1. 在贸易自由化方面**

优越的地理区位条件使得香港具备得天独厚的国际航运基础,

船舶车辆飞机等各类交通工具进出香港港口不受海关限制，不必接受关检等部门的额外检查。除了极少数受到管制进出口需要进行申请获批准之后方可进出口，普通物品进出口均无须向海关报批。在香港有过境货物、转运货物、船舶补给品等多类货物豁免报关的。香港对进出口配额不作过多的管制，只对食品安全、环境保护、国家安全等小部分领域做出控制，对极少数商品实行进出口证管理。

相比之下，上海、广东、天津、福建等地自贸试验区贸易监管体制、通关申报手续、配额管理、通关效率、航运服务尚有较大差距。推动自由港建设，要继续深入探索贸易便利化政策，提高通关效率，加快海关、检验检疫、边境等相关部门设立统一数据化管理平台，提高贸易便利化水平。

### 2. 在投资自由化方面

目前中国香港已建立起公平自由的竞争环境，投资没有因国别差异带来的限制，不论资金来源为本地或海外，资产所有制为集体或私人，都可以享受一视同仁的"国民待遇"，企业经营环境公平。政府不限制资金来源、投资行业、股权比例，内外资一视同仁。法律明确规定只要遵守香港法律法规，将投资活动置于合法的市场环境下，特区政府都不做干预，仅仅对金融、电讯等行业进行监管。企业注册效率高，企业注册条件宽松，香港公司注册无须验资，注册资本可以任意提高。同样地，香港也不对企业提供财政补贴。

相比之下，上海、广东、天津、福建等地自贸试验区采取准入前国民待遇以及负面清单的管理模式，相较以往已迈出了很大的一步，但这样的管理模式仍然限制较多，负面清单较为冗长，还没有建立起统一的负面清单制度，对外开放水平较低，在一定程度上阻碍了自贸试验区进一步发展，无法与国际新标准和规则有效对接。从建设国际自由港的角度看，内地自由港建设，要进一步缩减负面清单，扩大市场准入，加大对外开放力度，营造宽松便捷的营商环境，进一步减少政府对企业投资行为的干预。

### 3. 在金融自由化方面

中国香港已经实现了资本金融项目的完全开放，香港本地资金和境外资金均可自由进出和流动，离岸金融可随时转换为在岸金融，在岸金融亦可随时转为离岸金融。外国公司或个人只需开立买卖证券账户就可以随时交易，境外借贷者可利用香港资本市场上各种证券工具融资。在开放资本金融市场之时，香港强调对金融市场的监管，金融监管机构以法律条例为准则进行监管，把风险防范作为金融监管的核心。

相比之下，虽然上海、广东、天津、福建等地自贸试验区放宽区内法人金融机构和企业在境外发行人民币和外币债券的审批和规模限制，所筹资金可根据需要调回使用，允许区内银行等金融机构与境外银行等机构开展跨境支付合作，区内的银行可开展FT账户项下存贷款、结售汇、贸易融资、跨境直投等业务，但是同香港相比，人民币在资本项目下仍受到严格管制，金融自由化是自贸区最大的难题。另外，上海、广东、天津、福建等地自贸试验区金融政策方面出台的速度快，但实际操作实行的进度却略显缓慢。金融政策是建设自由港的政策核心，推动自由港建设必须在金融自由方面有所突破。推动自由港建设，必须在货币汇兑自由、人民币跨境使用、资本金融项目监管等方面加大放开力度，逐步推动金融创新。同时要做好金融风险防范工作，加快对金融政策的落地、细化。

### 4. 在自然人移动自由方面

中国香港不但实行货物、资金进出自由，而且推行自然人移动自由。对从事商务活动的访客、游客，香港入境事务处提供方便的出入境措施，很多国家和地区公民还可免签证在香港短期停留。持有香港护照的居民赴海外亦可享受免签证入境待遇，输入香港的优秀人才由人力市场进行调节。香港劳动力谋职是自由的，在不同性质的单位之间的流动也是自由的。

相比之下，上海、广东、天津、福建等地自贸试验区对境外自然人入境以及就业仍采取严格限制措施。以厦门自贸试验区为例，虽然厦门自贸试验区实施部分外国人72小时过境免签政策、外国人落地签证政策，允许持台湾方面身份证明的自然人到厦门自贸试验区片区设立个体工商户，营业范围从20多个行业扩大至100多个行业，但是在出入境政策、国际化人才流动便利、劳动力资源配置等方面，同香港相比还有比较大的差距，特别是在国际人才流动方面，差距最为明显。从建设国际自由港的角度看，今后中国内地自由港建设，必须需要继续探索自然人流动便利政策，吸引世界各地人才前来创业就业。

### 5. 在税负水平方面

在中国香港，除了酒烟草等商品除外，一般进口或出口货物均无须缴付任何关税。香港不设增值税和营业税，境外所得利润也不纳税。

相比之下，上海、广东、天津、福建等地自贸试验区并没有税收优惠政策，税率明显高于香港。在区内企业赋税上，中国自贸区离岸业务中仍须缴纳远高于香港的税负。虽说财税政策优惠并不是自贸区创设的初衷，但可以在自贸区内进行税制改革创新尝试，适当进行税收减免，提升自贸试验区的吸引力，让自贸实验区成为税制改革的探路者。

当然，香港自由港政策的成功是多重因素相互作用的结果，内地推进自由港建设，肯定不能全盘照搬照抄。研究香港自由港政策的成功经验，根据国家的整体发展战略，结合各地实际情况加以借鉴。

# 第四章
# 自由港的国内探索

## 一、改革开放初期我国对开放型经济理论与实践探索

1978年12月召开的十一届三中全会确立了"以经济建设为中心"和改革开放的基本国策,这个工作重心的转移可以说对我国的经济发展具有划时代的意义。早在改革开放初期邓小平同志就反思总结过,"中国的发展离不开世界……需要对外开放,吸收外国的资金和技术来帮助我们发展。[①]"改革开放至今近40年里,我国的开放型经济经过一系列理论和实践探索才得以形成当前这种

---

[①] 邓小平. 邓小平文选(第2卷)[M]. 北京:人民出版社,1994:78.

全方位、多层次、宽领域的对外开放格局。这一发展历程中所取得的举世瞩目的成就也不断验证了邓小平思想的前瞻性和正确性。

## （一）改革开放初期我国开放型经济理论的产生与发展

### 1. "中国式"开放型经济理论的萌芽

1978年10月，邓小平同志在会见联邦德国新闻代表团的时候首次提出了"开放"一词，同与会客人深入交谈了关于中国实行开放政策，学习世界先进科学的相关问题①。之后1978年12月党的十一届三中全会的召开，正式拉开了我国改革开放的历史性序幕，在国际社会上也引起了巨大的反响。可以说开放型经济的理论雏形就是以邓小平对外开放理论为基础的。邓小平对外开放理论是在20世纪70年代末中国社会、经济、文化各方面剧烈变动的岁月中逐渐形成和完善的，他科学地继承和发展了马克思主义关于发展对外经济关系的理论，着眼点于中国特有的经济改革，把中国的经济发展实践与马克思主义紧密结合起来。

党的十一届三中全会形成的以邓小平为核心的党中央领导集体，做出实行改革开放的新决策，是历史性的转折点。邓小平在《解放思想、实事求是、团结一致向前看》的讲话中，虽然在文字上尚未明确表达为"对外开放"，但是其已经提出了一系列对外开

---

① 李岚清. 突围——国门初开的岁月 [M]. 北京：中央文献出版社，2008：59.

放的任务和措施,这些根本方针政策也促使我党开始走上对外开放之路。针对改革开放之初百业待兴的社会现实,邓小平同志反复强调,我们要吸收外国资金、技术和先进的管理经验,也要大力发展对外贸易。邓小平同志指出:"改革、开放是一个新生事物,没有现成的经验可以照搬","一切都要根据我国的实际情况来进行"①。

**2. 改革开放初期我国开放型经济理论的发展演进**

(1) 高瞻远瞩,提出创办经济特区的思想并付诸实践。在党的十一届三中全会召开前后,邓小平从未停止过思考,他积极并全方位地接收对外开放的各种外界信息,努力从实践中寻求出路,并将自己的对外开放理论付诸实践。可以说这位伟大的革命家的"开放"思想正是在对外部世界广泛地接触、深入地了解过程中形成的,时至今日仍值得我们学习。1978年时在邓小平同志的力促下,我国就派出了多个经济代表团出访法国、瑞士、比利时、日本等国和中国港、澳地区,而他自己也亲自出访了缅甸、尼泊尔、朝鲜、日本、泰国、马来西亚和新加坡,是他出访最多的一年②。1979年1月,邓小平在一份批示上明确支持兴办中外合资企业。同年4月,他在中共中央政治局召集的中央工作会议中明确指出,"广东、福建有这个条件,搞特殊省","中央没有钱,可以

---

① 邓小平文选(第3卷)[M].北京:人民出版社,1993:248.
② 樊纲.中国经济特区研究——昨天和明天的理论与实践[M].北京:中国经济出版社,2009.

给些政策，你们自己去搞"。同年7月，中共中央、国务院下达50号文件，同意在深圳、珠海、汕头和厦门试办特区，实行特殊政策和灵活措施。1983年4月，党中央、国务院批转了《加快海南岛开发建设问题讨论纪要》，决定对海南岛也实行经济特区的优惠政策。1988年4月召开的七届人大一次会议正式通过了建立海南省和海南经济特区两项决定，海南岛成为我国最大的经济特区。

（2）运筹帷幄，进一步提出开放沿海地区战略思想。在经济特区创办之后，邓小平一直十分关注特区的发展状况，1984年他亲临广东、福建视察，对特区取得的发展给予了充分的肯定。并提出"除现在的特区之外，可以考虑再开放几个点，增加几个港口城市，如大连、青岛。这些地方不叫特区，但可以实行特区的某些政策"。在邓小平同志这一思想的指导下，同年5月党中央和国务院批转了《沿海部分城市座谈会纪要》，决定开放大连、秦皇岛、天津、青岛、烟台、连云港等14个沿海城市。这些沿海开放城市作为国内经济与世界经济的结合部，直接影响全国改革开放形势的发展。1985年2月，党中央、国务院批准了《长江、珠江三角洲和闽南厦漳泉三角地区座谈会纪要》，划定长江三角洲、珠江三角洲和闽南三角区为沿海经济开放区。1988年初，中央又决定将辽东半岛和山东半岛全部对外开放，同已经开放的大连、秦皇岛、天津、烟台、青岛等连成一片，形成环渤海开放区。这些沿海经济开放区的建立进一步拓展了对外开放理论的理解，也指明了沿海地区发展外向型经济的方向。

(3) 坚定改革，提出全面对外开放的思想。1982 年，党的十二大报告明确指出："实行对外开放，按照平等互利的原则扩大对外经济技术交流，是我国坚定不移的战略方针。"而 1984 年中共中央十二届三中全会通过了《中共中央关于经济体制改革的决定》，这个决定第一次把对外开放作为"长期的基本国策"确定下来。1984 年党中央、国务院决定运用经济特区的成功经验，在我国设立经济技术开发区。1988 年批准实施火炬计划，设立高新技术产业开发区。在邓小平提出加快对外开放步伐的思想指引下，1990 年党中央、国务院正式公布了开发开放浦东的重大决策。1992 年在邓小平同志南方谈话的推动下，浦东势如破竹般迅速发展起来。1993 年党的十四届三中全会第一次提出了"发展开放型经济"的概念。从对外开放到发展开放型经济，可以说是我国对外开放积累到一定程度的必然结果[①]。改革开放初期的这一系列思想发展演进都成为我国开放型经济理论形成与发展的基础，开放型经济也由此成为我国具有中国特色的对外开放之路。

## （二）改革开放初期我国开放型经济的实践探索

改革开放初期对开放型经济的实践探索，邓小平同志很形象

---

① 黎峰. 开放型经济理论在中国的发展与创新 [J]. 江苏社会科学, 2010 (5).

第四章
自由港的国内探索

地称之为："摸着石头过河"。这一开放实践的探索经历了"经济特区——沿海开放城市——沿海经济开放区——沿江沿边及内地"逐步推进的过程，这也体现了由点到线、由线到面的全方位开放格局。在改革开放初期，沿海地区的对外开放可以说对我国开放型经济的发展起到了先锋示范作用。为此，我们将早期的这一探索过程划分为以下四个阶段。

第一阶段：1979~1988年初步探索开放阶段，设立经济特区。1979年7月，党中央和国务院根据广东、福建两省靠近港澳的地缘优势，对两省实行灵活经济政策，为广东、福建两省的对外经济活动提供了一些特殊的优惠措施。1980年正式将深圳、珠海、汕头和厦门设立为经济特区，同年8月批准了《广东省经济特区条例》。在这一过程中主要是采取来料加工装配、补偿贸易、合资经营、合作经营以及外商独资经营等多种形式吸引外资[①]。而党的十二大召开以后，我国的对外开放步伐进一步扩大。1983年，党中央和国务院决定对海南岛实行经济特区的政策，加速海南岛的开发；1988年，建立海南省，并将其设为经济特区。

在早期的经济特区建设中，通过中央和地方互动的方式，从产业、税收、要素流动等方面基本确定了一套可操作性的制度框架，其中有六份重要文件起到关键性的作用，归纳如表4-1所示，这一系列制度安排有效地推动了经济特区的经济体制改革。

---

① 苏东斌，钟若愚. 中国经济特区导论[M]. 北京：商务印书馆，2010.

表 4-1　　　　早期经济特区的制度安排相关举措

| 1979~1980 年的制度改革 | 改革具体措施 | 相关文件 |
| --- | --- | --- |
| 特区内部 | 设立特区管理机构、双重海关,实行内紧外松原则管理 | 1979 年 4 月《关于大力发展对外贸易增加外汇收入若干问题的规定》<br>1979 年 5 月《关于试办深圳、珠海、汕头出口特区的初步设想》<br>1979 年 6 月《关于发挥广东优势条件,扩大对外贸易,加快经济发展的报告》和《关于利用侨资、外资,发展对外贸易,加速福建社会主义建设的请示报告》<br>1979 年 7 月《中华人民共和国中外合资经营企业法》<br>1979 年 7 月《中共中央、国务院批转广东省委、福建省委关于对外经济活动实行特殊政策和灵活措施的两个报告》(简称"50 号文件") |
| 产业方面 | 生产企业以发展出口商品为主,按照国际市场的需要组织生产,实行市场调节 |
| 投入方面 | 允许华侨、港澳商人直接投资办厂,允许"某些外国厂商投资设厂",或由地方同他们合营兴办 |
| 税收优惠方面 | 特区企业所得税率为 15%,投资额高者还可享受特别优惠;特区企业进口必需的生产生活资料,免征进口税 |
| 劳动制度方面 | 可雇用或解雇中国职工和工人,成立劳动服务公司 |
| 权益保护方面 | 允许外资独立经营企业,依法保护其合法权益 |
| 要素流动方面 | 简化出入境手续;允许资金自由汇入、利润和工资收入自由汇出,企业停业后,资产可转让,资金可汇出 |
| 土地使用方面 | 企业用地根据不同行业和用途,对其使用年限、使用费数额和缴纳办法给予优惠 |

资料来源:樊纲. 中国经济特区研究——昨天和明天的理论与实践 [M]. 北京:中国经济出版社,2009.

除了上表所列示的制度安排以外,1981 年党中央和国务院批转的《广东、福建两省和经济特区工作会议纪要》在财政、金融、外贸等方面也提出了相关的举措,比如,有步骤有选择地批准外资银行来特区设立分支机构,制定特区外汇管理办法;针对特区的机场、铁路、电讯等企事业，允许引进外资，自营或合营；充分利用外资筹措特区建设资金等。

经济特区的建立是我国对外开放的重大战略措施，它的"特"在于姓"社"不姓"资"。一方面，特区的行政机构由中央直接管理，或授权地方负责，国家给予这些地方更多的经济自主权；另一方面，特区对外来投资者执行优惠的政策，在税收、土地使用、货物进出口、人员出入境等方面给予便利；特区产品主要外销，与国际市场的联系十分紧密；特区的经济发展主要依靠吸收利用外资，经济主体是"三资"企业等。可以说，经济特区的创办，便于引进国外的先进技术、设备和管理经验，便于利用外资，增加了财政收入，扩大了出口创汇，对我国建设社会主义市场经济具有重要意义，带领我国经济正式走上了开放型经济的探索之路。

第二阶段：1984~1988年扩大开放政策的进一步探索，设立沿海开放城市。1984年5月在邓小平同志的倡导指引下，党中央和国务院决定进一步开放天津、上海、大连、秦皇岛、烟台、青岛、连云港、南通、宁波、温州、福州、广州、湛江和北海14个沿海港口城市，1985年开放营口市，1988年开放威海市为沿海开放城市，并对这些沿海开放城市实施经济特区的某些特殊政策。选择这些城市作为沿海开放城市，最主要的原因在于他们拥有城市资源和经济的比较优势，交通便利、工业基础、技术水平等方面均比较发达，对其实行对外开放能够发挥这些优势，更好地利用外来的资金、技术、知识和市场，提高地区产品的国际竞争力。

对这些沿海开放城市实施的开放政策主要有以下几个方面：

中国自由贸易港探索与启航——全面开放新格局下的新坐标
Exploration and Sail on China's Free Trade Port: New Coordinate under The New Ground in Pursuing Opening Up on All Fronts

一是放宽利用外资建设项目的审批权限；二是积极支持利用外资，引进先进技术改造老企业，在关税、进口工商统一税、企业所得税、上缴利润、生产计划等方面实行扶植政策；三是增加外汇使用额度和外汇贷款；四是对外商投资企业给予若干优惠待遇，大力引进中国急需的先进技术，集中举办三资企业和中外合作的科研机构；五是逐步兴办经济技术开发区，1984~1988年我国陆续设立首批14个国家级经济技术开发区，而后1988年又批准实施火炬计划，设立了高新技术产业开发区[①]。据统计，1985年，所批复的沿海开放城市，工业总产值达2015.85亿元，占全国工业总产值的21.8%。工业企业拥有职工809万人，全民所有制工业拥有固定资产（原值）745亿元，创利税333亿元。沿海港口货物吞吐量31920万吨，铁路货运量11795万吨，公路货运量54392万吨。

设立沿海开放城市是邓小平同志在总结经济特区发展外向型经济经验的基础上提出来的进一步开放沿海地区的战略思想。党中央和国务院所采取的一系列措施不仅增加了对外开放的窗口，引进了一批外资和先进的技术，为沿海地区现代化的发展注入了力量。同时大力发展的外向型经济也为国家吸收到更多的外汇，提高了原有产品的经济增加值，更好地满足了人民的需要，也大大提高了沿海城市的劳动生产率，带动部分人民群众先富起来。为发展中国特色的社会主义市场经济的体制改革提供了借鉴的范本，也推动了我国早期以出口为导向的开放型经济的进程。

---

① 胡江云. 中国开放型经济的路径探索 [M]. 北京：中国财富出版社，2015.

## 第四章
自由港的国内探索

第三阶段：1985~1990年由线到面的辐射开放探索阶段，建立沿海经济开放区。1985年，党中央和国务院将珠三角、长三角、闽南三角划为沿海经济开放区，并批示指出，这三个经济开放区应逐步形成贸—工—农型的生产结构，即按出口贸易的需要发展加工工业，按加工的需要发展农业和其他原材料的生产。1988年初，将辽宁半岛和山东半岛建立沿海经济开放区，同已经开放的大连、秦皇岛、天津、烟台、青岛等连成一片，形成环渤海开放区。1990年，开发开放上海浦东新区，进而带动了长三角及整个长江流域的开放。至此，我国所有沿海省全部成为开放区。截至1991年，我国沿海地区的对外经济开放带基本成型，它包括41个省辖市，218个县（市）7个沿海经济开放区。邓小平同志对沿海地区的发展战略给予了很高的评价，鼓励沿海地区的快速发展能带动内地经济的发展。而沿海经济开放区也为全方位对外开放奠定了基础。

第四阶段：1992~2000年由沿海至内陆开放的深入探索，开放沿江及内陆和沿边城市。沿江、内陆和沿边城市的开放，是我国对外开放迈出的第四步。1992年6月，党中央、国务院决定开放长江沿岸的芜湖、九江、岳阳、武汉和重庆5个城市；不久后，党中央、国务院又批准了合肥、南昌、长沙、成都、郑州、太原、西安、兰州、银川、西宁、乌鲁木齐、贵阳、昆明、南宁、哈尔滨、长春、呼和浩特共17个省会为内陆开放城市。同时，我国还逐步开放内陆边境的沿边城市，从东北、西北到西南地区，有黑河、绥芬河、珲春、满洲里、二连浩特、伊宁、博乐、塔城、普兰、樟木、瑞丽、畹町、河口、凭祥、东兴等。而2000年，伴随西部大开发战略的实施，我国对外开放从此形成了沿海、沿江、沿边的多层次、全方位的对外开放格局。

总体而言，改革开放初期经过对开放型经济的逐步探索，我国初步形成了"经济特区——沿海开放城市——沿海经济开放区——沿江沿边及内地"的开放格局。在这一进程中，我国能够紧密结合区域比较优势，在吸收外资、引进技术、发展生产等方面利用灵活的优惠政策拉动经济发展动力，形成了早期独具特色的沿海开放型经济。尤其是经济特区、沿海开放城市和沿海经济开放区的探索开放都在不同程度上引领着改革开放初期开放型经济的发展，也为我国参与国际经济活动起到了很好的示范作用。

## 二、建设保税区推进贸易便利化的探索实践

20世纪80年代末至90年代初，随着发达国家"生产份额"战略的推进，劳动密集型产业逐渐向发展中国家转移，国际贸易成为大势所趋。为适应当前生产国际化、市场全球化、经济外向化的发展趋势，发展中国家亟须建设与国际经济接轨的重要平台。继经济特区、经济技术开发区之后，借鉴世界自由贸易区的建设经验，中国开始建设发展一批以保税为核心功能的海关特殊监管区。经过20多年的政策功能创新和模式演进，我国海关已经发展成为以保税港区、综合保税区为发展主导，以区港联动的保税物流园、保税区和

出口加工区为枢纽,以优化的保税仓库和出口监管仓库为网点,以各类小型保税监管场所和区域为补充的结构体系[①]。

## (一) 中国保税区的概念

保税区英文可表述为 Free Trade Zone (FTA),与自由贸易区的英文表述相近。然而保税区的投资贸易便利化及自由度远不及自由贸易区,两者存在质的不同。加之,综观我国改革开放后所设立的各类特殊经济功能区,其名称大多依据区域功能,或是通过功能整合及政策叠加后的效果而设,种类较多样。因此,为了提高阐述问题的针对性,这里我们有必要明确文章中"保税区"的概念。

### 1. 狭义上的保税区

狭义上的保税区实则是一个规模较大的保税仓库,是经国务院批准设立的,在海关监管下可以较长时间存储货物,并可在区内进行加工、装配等工作的特殊经济区域。该区域最初为拓展国际物流而设,功能定位为出口加工、保税仓储、转口贸易。20世纪90年代设立的保税区着重发展工贸型外向化经济,是当时对外开放层次最高的区域,以促进"自由贸易"为宗旨的政策优势是该区域的生命

---

① 杨建文,陆军荣. 中国保税港区:创新与发展 [M]. 上海:上海社会科学院出版社,2008:44.

力。即在保税区内与国外之间的货物进口或出口可免除许可证,且不征关税及进出口环节税,这为当时主流的进口料件加工复出口等国际加工贸易业务及转口贸易提供了更优惠、更便利的条件,促进了我国有效利用国外资源参与国际化生产,加快了国内市场与国际市场的全面接轨进程。1990年6月~1996年11月,国务院先后在长江三角洲、环渤海及珠江三角洲等地批准设立15家保税区,这是我国第一批规模较大、管理较规范的保税区。

**2. 广义上的保税区**

"保税"一词属于海关用语,是海关为消除关税壁垒,实现贸易便利化的举措。在保税制度下,货物可先入区而"保留"税收,并可在保税区域内进行仓储、加工、制造、展示等工作,区域内执行特殊的海关监管政策。如果将保税区的内涵界定为"保税",其外延将十分宽泛,几乎可以涵盖历史上所有实行关税特许的区域(高海乡,2006)。可见,尽管各类特殊区域的功能、政策、自由度存在差异,但是均以保税仓储、国际贸易为核心功能,以保税政策为前提基础设立。基于此,结合我国经济开放区域的建设进程,本书中所探讨的保税区,涵盖了传统保税区、出口加工区、保税物流园区、保税港区及综合保税区等五类海关特殊监管区域。

## (二)中国保税区的发展演进

我国是在借鉴世界自由贸易区发展历史的基础上,采取渐进式的开发战略,科学进行空间区位布局,分阶段地推进区域功能更齐全、政策定位更开放的特殊经济区建设。总体来说,我国保税区的演进可以分为蓬勃发展期、延伸拓展期及转型优化期三个阶段。

**1. 1990~2000年:传统保税区蓬勃发展期**

20世纪80年代~90年代,发展中国家主要通过承接发达国家的劳动密集型产业拓展出口贸易。为推进区域经济一体化,我国以消除关税壁垒为主要目的的保税制度产生了。然而,随着对外开放的不断深入,国内亟需利用国外资源加速融入世界经济,以出口贸易替代进口,增强参与国际经济交往的能力。因此,保税区正是继保税仓库、保税工厂之后,基于国际加工贸易盛行的背景下出现的新事物。1990年2月国务院决定在上海浦东外高桥正式建立我国第一个保税区。之后,国务院又批准在深圳、天津、大连、厦门等地设立了保税区。在东部沿海城市设立保税区是我国深化改革开放的重大举措,也是当时我国发展外向型经济的重要"桥头堡"。

保税区是境内关外的特殊区域,实行"一线放开、二线管住"的监管原则,非保税区产品进入保税区视同出口,保税区内的货物销向非保税区视同进口。保税区与境外之间,允许进出口的货物免许可证,免征关税和国内各税;保税区内企业自用的材料及生产管理设备免征关税和国内各税。区内放开外贸经营权,允许境内外的经济法人、自然人在保税区投资建立企业。

保税区内的出口加工企业实行海关登记备案制，以引导出口加工企业向保税区集中。企业可以直接从区外采购原材料、原部件，加工增值后报关出口或部分直接销往国内市场；采用进口料件加工的产品在销往国内市场时，可执行出口免抵退政策。保税区内企业出口外汇收入实行现汇管理。区内经批准可以设立国内外金融机构，经营区内的外币外汇业务。企业可在区内金融机构或区外所在地外资金融机构开立外汇结算账户和外汇专用账户[①]。

### 2. 2000~2005年：保税区延伸拓展期

20世纪90年代末至21世纪初是世界产业转移高峰期，为适应我国加工贸易迅猛发展的形势，解决传统保税区因"入区不退税、出境才退税"的政策缺陷所引发的走私问题，旨在集中规范管理加工贸易的出口加工区应运而设。2000年4月底，国务院批准了一批以加工外销产品为主要功能的出口加工区。

出口加工区实行封闭式的区域管理，依托互联网技术的发展，海关实行24小时卡口式监管，即电子申报、智能验放的模式，大大提高了通关效率。同时开始实行风险管理技术，为守法加工出口企业提供更宽松的经营环境，提供更快捷的通关便利，实现出口加工货物在主管海关"一次申报、一次审单、一次查验"的通关要求。

除此以外，随着加工贸易的深入及产业链的延长，基于增加

---

① 商务部研究院. 中国对外贸易30年[M]. 北京：中国商务出版社，2008：202.

高附加值业务开展的需要，同时降低物流成本，提高本地生产货物的国际竞争力，我国亟需在保税区中开发保税物流功能。鉴于传统保税区及出口加工区不具备港口作业功能，我国创新性地将保税区、物流业、港口进一步整合，开启区港联动试点，利用沿海港口和保税区的优势，加快货物流动，提高贸易效率，于2003年在上海外高桥保税区内设立第一个保税物流园区。保税物流园区集合了保税区的政策优势、功能优势与港口的区位优势，实现保税区与港口的一体化运作，功能更为丰富齐全，而且解决了传统保税区由于地理限制所产生的进出口货物的二次报关问题，大大提高了通关效率，降低了企业的物流成本。

### 3. 2005~2012年：保税区转型优化期

以世界贸易组织（WTO）为主导的国际多边贸易体制成立，各成员国逐步降低关税，世界平均关税水平不断下降。关税壁垒影响贸易便利化的程度越来越有限。而贸易的效率问题（包括市场准入、口岸管理、通关一体化建设及政策环境等）作为一个隐形的市场壁垒开始受到关注。另外，2005年我国加入WTO的"过渡期"结束，为履行入世承诺，外贸经营权的放开及关税的逐步下调，相对非保税区而言，传统保税区的政策优势弱化；与此同时，服务贸易在国际贸易中的比例日益加重，注重货物贸易的传统保税区功能不匹配，开放度不够等问题渐显。保税区的转型升级势在必行。

纵观国际知名自由贸易区的制度模式，均有利于具有产业链特征的功能开发以及营造更为优惠、自由度更大的政策环境。基于国际经验的借鉴,结合我国保税区的发展现状,2005年以后国家开始着重发展综合保税区和保税港区。首先是实行区港一体化管理的保税港区设立。国家于2005年6月批复成立上海洋山保税港区。保税港区的"港口+保税区"模式,可以综合发挥保税区的政策优势和港口的区位优势,集中了我国港口和海关特殊监管区的所有核心政策,形成区域政策叠加和监管便利优势,成为国内在优惠性、开放性和便利性方面与自由贸易港最为接近的政策模式[①]。其次是转型升级内陆保税区为综合保税区,享受保税区、出口加工区、保税物流园区三区的功能整合和政策叠加。除了港口作业功能以外,综合保税区的政策功能与保税港区相同(见表4-2)。

表4-2　　　　　　我国保税区的主要功能比较

|  | 保税仓储 | 保税加工 | 保税物流 | 转口贸易 | 检测维修 | 港口作业 | 入区退税 |
| --- | --- | --- | --- | --- | --- | --- | --- |
| 保税区 | √ | √ | √ | √ |  |  |  |
| 出口加工区 | √ | √ | √ |  |  |  | √ |
| 保税物流园区 | √ |  | √ | √ | √ |  | √ |
| 保税港区 | √ | √ | √ | √ |  | √ | √ |
| 综合保税区 | √ | √ | √ | √ | √ | √ | √ |

资料来源:鲁慧慧. 天津保税区区域经济效应及启示研究 [D]. 南宁:广西师范学院,2014.

---

① 胡炜. 从保税区走向自由贸易园区的探索创新 [EB/OL]. http://old.pudong.gov.cn/website/html/shpd/pudongNews_TG_201304/Info/Detail_468960.htm. 浦东开发. 2013-4-12.

五种特殊区域模式经过多年的并行发展，为我国承接国际产业转移、吸引境内外投资、促进加工贸易健康发展等做出了重要贡献，有力推动了我国由外向型经济向开放型经济的转换。截至2012年11月，我国已批准在27个省区市设立110个海关特殊监管区域[①]。为解决特殊区域种类过多，功能分散单一，各地方重申请轻建设等问题，2012年，国务院下发的《关于促进海关特殊监管区域科学发展的指导意见》中指出，适度控制特殊区域的增量，整合优化存量。在基本不突破原规划面积的前提下，逐步将现有的6类110个特殊区域中，具备条件的整合为综合保税区，不具备整合条件的暂予保留。此后新设的区域统一命名"综合保税区"。可见，经功能整合、政策叠加后的综合保税区仍以保税为政策的核心，是开放层次更高、贸易更自由、手续更简化的"升级版"保税区。

### （三）中国保税区的发展与创新

在经济全球化和区域经济一体化的背景下，多边、双边贸易成为拉动全球经济增长的主动力。然而，贸易管理程序的不合理导致贸易非效率的现象，严重阻碍了要素跨境自由流动，提高了贸易成本，不利于国际贸易的有效开展。如何实现贸易便利化成

---

① 我国已设立110个海关特殊监管区域 [EB/OL]. http://finance.people.com.cn/n/2012/1219/c70846-19949749.html. 人民网. 2012-12-19.

为20世纪90年代末至21世纪初世界贸易和区域贸易领域的一项重要课题。

在世界经济方面,2001年WTO多哈回合谈判将贸易便利化正式列入谈判议程。我国作为WTO的新成员,全程参与贸易便利化的谈判。在区域经济合作方面,APEC(亚太经合组织)于1996年的大阪会议上将贸易便利化放在贸易自由化并重的地位;而2001年达成的《上海共识》,则明确了各成员国关于推进贸易便利化的后续行动计划。作为APEC的重要成员,我国高度重视并积极参与了APEC的贸易便利化合作。在对外贸易迅速发展的经济形势下,贸易便利化的程度直接影响了我国深化改革、扩大开放的进程。保税区作为当前各项优惠政策措施的"试验田",探索贸易便利化举措,并复制推广至其他地区,将有力促进我国对外贸易的持续健康发展。

贸易便利化是指通过简化贸易程序,协调统一行政管理,提高贸易透明度和信息化水平,消除贸易壁垒,以降低交易成本,促进货物和服务的国际间自由流动。贸易便利化的标准随着贸易环境、信息化社会进程等因素不断拓展,其范畴一直没有准确的定义。总而言之,除降低关税外,一切以减少跨境交易障碍为目的的措施均可视为贸易便利化的范畴(刘重力,2012)。而提高海关通关效率是实现贸易便利化的关键,优化政策环境是实现贸易便利化的基础。

**表 4-3　　我国保税区的贸易便利化举措汇总**

| 项目 | 海关通关效率 | 政策环境 |
|---|---|---|
| 保税区 | • 基础设施建设<br>• 推进"大通关"工程 | • 区内进出口货物免证、免税<br>• 外贸经营权放开<br>• 对出口加工企业实行登记备案制 |
| 出口加工区 | • 卡口式监管<br>• 一次申报、一次查验、一次放行<br>• 24小时通关便利<br>• 风险管理技术运用 | • 享受保税区的优惠政策<br>• 区内加工货物出口免税<br>• 境内货物入区即可办理出口退税手续 |
| 保税物流园区 | • 具有口岸功能<br>• 海关区域信息平台电子备案<br>• 全国快速清关系统<br>• 集中报关，港区直通 | • 货物入区即可办理退税手续<br>• 区内企业间货物转移免税<br>• 区内企业自用的合理数量设备及物资均可办理退税 |
| 保税港区 | • 电子口岸<br>• 推行"无纸通关"<br>• 实现企业申报、检验检疫监管到通关放行全程电子化 | • 一线放开，二线管住，区内自由，入区退税<br>• 区内的内资企业或通过登记备案取得进出口经营权<br>• 区内外汇结算方式灵活<br>• 享受保税区、出口加工区相关的税收优惠政策 |
| 综合保税区 | • 电子口岸<br>• 电子海关<br>• 电子总署 | 同保税港区 |

资料来源：根据保税区相关资料整理。

可见，我国参与世界经济的贸易便利化谈判推动了保税区的创新与发展。从保税区的建立、快速发展到转型升级，每个阶段均伴随着推进贸易便利化的探索。保税区的功能拓展及政策定位，均彰显了我国积极推进贸易便利化的有益尝试。保税区的有益尝试与贸易便利化的推进是相辅相成的关系。而这些探索和尝试，增强了我国配置全球资源的能力，有效促进了我国融入世界经济格局及区域经济合作，开创发展开放型经济的新局面。

## 三、境内外合作项目的探索实践

随着我国改革开放探索的逐步深入，我国对深化改革和扩大开放的认识快速提升，实践也随之不断推进。20世纪80年代末到90年代初，为借鉴境外先进经营管理经验，加强与相关国家和地区的交流与合作，我国通过在特定区域设立境内外合作项目及投资区的形式，在划定的区域赋予特殊政策，进行制度创新，放宽境外企业的准入，提升投资贸易的自由度。较为典型的有我国与新加坡政府的合作项目——苏州工业园区以及主要设立于福建省内的台商基地与台商投资区。

### （一）苏州工业园区：中外合作开发的开放性探索

苏州工业园区是中国和新加坡两国政府共同开发和兴建的项目，1994年2月11日经国务院批准，同年5月12日破土动工，行政区划面积278平方千米，其中，中新合作区80平方千米。发展目标是建设一个以高技术为先导、现代工业为主体、第三产业和社会公益事业相配套的现代化工业园区。中新双方建立了三个层面的领导和工作机构。第一层面是中新两国政府联合协调理事会，由两国副总理担任理事会共同主席；第二层面是中新双边工作委员会，由苏州市市长和新加坡裕廊镇管理局主席共同主持，双方定期召开会议；第三层面是联络机构，由苏州工业园区和新加坡相关部门负责日常联络工作。

在中国和新加坡两国政府密切合作与科学管理体制机制作用下，苏州工业园区在经济转型、科技创新跨越发展和新兴业态集聚等方面取得了可喜成就。一是经济转型成效显著。苏州工业园区在国内较早启动转型，坚持走新型工业化之路，逐步走出了一条经济增长、资源集约、生态和谐的发展之路。先进产业高度集聚，近百家世界500强企业在区内投资了100多个项目，全区投资上亿美元项目达100多个，其中欧美项目占比近50%，并在IC、TFT-LCD、汽车及航空零部件等领域形成了具有一定竞争力的高新技术产业集群。经济结构明显优化，坚持先进制造业和现代服务业"双轮驱动"，高新技术产业产值占规模以上工业产值比重、服务业增加值占GDP比重分别达66.2%、32.5%，并形成"国家服务外包示范基地"、综合保税区等一批新的功能亮点。发展质量持续提高，开展清洁生产、中水回用、节能降耗和绿色建筑等循环经济试点，万元GDP能耗及COD、$SO_2$排放量均大幅低于全国平均水平，资源集约和生态环保等指标走在了全国开发区前列，成为首批"国家新型工业化产业示范基地"和首批"国家生态工业示范园区"；二是科技创新实现跨越发展。近年来苏州工业园区R&D经费投入（即全社会研究与试验发展经费）占GDP比重每年提高约0.5个百分点，2016年占比约4.5%，拥有高新技术企业累计829家，大批研发机构、创投机构在园区设立，国家纳米技术国际创新园、中科院纳米技术与纳米仿生研究所等国家级创新重点项目均落户园区，成为全国"海外高层次人才创新创业基地"。此外，园区集聚了100多家银行和各类专业商务机构，建设完善全国首个服务外包示范基地和全国首家综合保税区，吸引了大批生产、物流、贸易等企业入区注册。2016年，苏州工业园区全年共实现地区生产总值2150.6亿元，公共财政预算收入288.1亿元，税收占比达93.1%；进出口总额742.82亿美元，下降6.7%（按人民币计为4903亿元，下降0.8%）；累计实际利用外资293.7亿美元；全年固定资产投资523.1亿元。①

苏州工业园区的快速发展一方面得益于中新合作的深入推进，中国先后派出2000多人次赴新加坡培训，编制实施了80余项管理办法和实施细则，充分发挥了改革开放"试验田"的作用。另一方面更重要的在于，苏州工业园区引入新加坡先进的经营管理理念和方法，在此基础上成立相对独立的管理机构，赋予较高的管理权限，实施管理体制上的创新，其中最大的创新就是园区的开发主体和管理主体严格分开。园区管委会是副市级，政府派出管理机构，在辖区内行使经济和社会综合管理权限；中新苏州工业园区开发有限公司是园区的开发主体，负责园区的基础设施建设、招商引资、物业管理等开发事项。苏州工业园区是我国迄今最大的成片土地开发项目，也是我国迄今唯一的全面借鉴世界先进国

---

① 资料来源：苏州工业园区官网，http：//www.sipac.gov.cn/.

家的经营方式和管理经验的项目，成功地开创了中外经济互利合作的新形式。这种相对独立的管理模式和较高的管理权限在苏州工业园区取得成功的经验对我国深化改革和扩大开放过程有着深刻启示，对下一阶段的自由港建设过程也有较好的借鉴价值。

## （二）台商投资区：境外资金投资管理体制改革的尝试

推进海峡两岸的合作既能从经济上互惠互利，共同发展，又能不断加深彼此的了解，增强两岸血浓于水的同胞之情。大陆对两岸的经贸往来一贯持比较宽松的政策，对于台胞、台商在大陆的投资贸易都给予很多优惠。在放宽台资进入方面的改革尝试主要是在福建省内设立台商投资区，大致可以分为两类：第一类是中央政府主导，划设特定区域实施相对独立的管理，对台资企业在区域内的投资给予特殊政策及管理；第二类是地方政府主导，由台商投资、台商自行建设和管理。

第一类台商投资区起于1989年，一直延续至今，是由国务院批准设立为国家级台商投资区，分别是1989年批准设立的厦门海沧、杏林和福州（马尾）台商投资区、1992年批准设立的集美台商投资区[①]和2012年批准设立的泉州、漳州台商投资区。为吸引外资尤其是台资的进入，在台商投资区内采取许多优惠政策，其中税收优惠较为突出，主要有两个方面，一是制定专门适用政策：

---

① 2003年因厦门行政区划调整，集美台商投资区和杏林台商投资区已合并。

(1) 在投资区内从事生产、经营所得和其他所得，减按15%的税率征收企业所得税。其中：从事生产性行业，经营期在10年以上，从开始获利起，前二年免征所得税，第三至第五年减半征收所得税；从事服务性行业，台商投资超过500万美元，经营期在10年以上的，从开始获利起，第一年免征所得税，第二、第三年减半征收所得税。(2) 对台商投资企业征收的地方所得税，给予减征、免征优惠。(3) 台商经营企业的分利汇出大陆，免征所得税。(4) 台商在大陆没有设立机构而有来源于台商投资区的股息、利息、租金等，除依法免征所得税的以外，都减按10%的税率征收所得税。(5) 外国公司、企业和其他经济组织在福建台商投资区投资的税收优惠，可以比照上述对台商投资的税收优惠办理。二是套用相关优惠政策：首先，福州马尾台商投资区内注册的台商投资企业，扩区前按现行经济技术开发区政策办理，扩区后，除继续实行现行国家级经济技术开发区政策外，积极争取辐射平潭综合实验区的各项优惠政策，按照同等优先、适当放宽的原则，承接台湾产业转移；其次，厦门海沧、杏林台商投资区内注册的台商投资企业享受经济特区的优惠政策；最后，泉州、漳州台商投资区内的台商投资企业实行现行国家级经济技术开发区政策。在相关鼓励措施和优惠政策引导下，台商投资区在设立之初的一二十年发展迅速，根据福建省商务厅提供的相关数据，截至2014年，福建六个台商投资区累计已开发面积150.52平方千米，共实现生产总值1708.4亿元，规模以上工业总产值3690.1亿元，税收收入320.43亿元，外贸出口143.78亿美元。台商投资区成为福建发展较快的区域，成为福建承接台湾电子信息、机械、石化、钢铁、食品加工业的重要基地。分别看，海沧、杏林、马尾和集美四个台商投资区由于获批时间较早，同期可竞争的相应对手不多，且当时大陆尚处于吸引外资的有利时期，因此，这四个台商投资区的优势相对明显，不仅在吸引外商投资方面有较大成效，在吸引台资方面，成效也是非常明显的。事实上，由于台商投资区的主要特色在于对台，因此，各区加大对台的招商力度，台商投资从早期以小规模（投资总额十几万美元）、劳动密集型为主的试探性投资，发展到21世纪初期以大公司、大财团投资为主的技术密集型、资本密集型的大项目投资，并带动上下游配套企业随之前来投资，形成了配套产业群，初步实现了"以台引台"。台资企业也逐步把台商投资区作为进入大陆市场的营运基地，并将投资向内陆地区延伸。但从近10年的发展变化来看，竞争环境日益复杂，台商投资区的竞争对手也急剧增多，原有开发区的政策优势已不复存在，台商投资经过多年的经验累积，已不再局限在福建这一区域，开始向更大范围展开。因此，近10年来，这四个台商投资区没能在原有的基础上更进一步，反而越发感到发展乏力、后劲不足。主要表现在：一是台企集聚程度不高，示范作用无法体现；二是政策创新力度有限，对台优势难以发挥；三是整体产业水平不高，难以形成两岸对接格局。[1]

---

[1] 王春丽. 福建台商投资区的发展状况与转型方略[J]. 福建行政学院学报，2015（4）：99-104.

第二类主要是2007年开始建设的福建泉州绿谷台商基地。基地位于泉州惠安县，总体规划10平方千米，由惠安县政府负责规划审批、项目审查、外部配套、征地拆迁、行政服务；绿谷公司负责项目规划设计、招商引资、内部配套、管理服务，是大陆第一个台商投资、自行建设、自行招商、自行管理的台商专属投资工业园区，开创了大陆台资企业协会创办台商投资工业园区的先例。基地按照"统一规划、同步进行、分期开发"原则，分三期建设，计划打造成为"产业高端、布局合理、功能科学、配套齐全、环境优美"的现代化台商高技术产业集聚区与现代化高科技产业园区，重点引进和发展光伏电子、电子信息、机电一体化、精密机械和新型材料等高新技术产业及高档轻纺织等传统优势产业，并按产业功能划分电子信息高新技术产业园、精密机械产业园、高档轻纺织产业园和公共服务配套区。

入驻基地的企业要符合基地产业分布图产业发展规划要求，优先引进和发展光伏电子、电子信息、机电一体化、精密机械和新型材料等高新技术产业及高档轻纺织等传统优势产业项目，鼓励设立研发中心。为确保纯台资特色，入驻项目必须是台资企业或有台资背景的企业和台商个人投资，投资方式为台商独资或合资、合作。在符合入驻要求的基础上，基地对入驻项目实行全方位优质服务和服务承诺制，无偿负责办理入驻项目的所有证照，并提供包括筹建、投建、生产经营等全过程"一条龙"服务。在管理体制上进行了改革创新，无论入驻企业规模大小，入驻后将自动成为园区业主管委会成员，享有园区管理的建议权和参与权。

无论遇到什么困难和问题，基地管委会和台资企业协会都将充分发挥自身影响力协助解决，为入驻项目筹建、投建和生产经营提供坚强的后盾和保障。这是入驻基地与入驻其他工业区最大的差别。在优惠政策方面，入驻项目属福建省重点鼓励和发展的光伏电子、电子信息、机电一体化、精密机械和新型材料等高新技术产业，并在获得符合建设条件的半年内开工投建，自开工之日起15个月内部分投产的，除享有国家现行优惠政策外，还享受惠安县政府出台的相关优惠政策：一是正式投产后第1年至第3年，企业新缴纳税收属县本级财政收入部分，设立专项资金按项目的管理办法用于扶持该企业从事技术研发工作；二是第4至第5年，企业新缴纳税收属县本级财政收入部分，按50%建立专项资金用于扶持该企业从事技术研发工作。上述优惠政策，若国家财政体制或税收政策发生变化，按国家规定执行；三是入驻生产性企业属于世界500强或台湾100大，或产品属于世界品牌、中国品牌的，企业总部技术创新奖励执行惠委〔2006〕119号档案规定。投资规模超过300万美元以上的工业项目，实行个案商议办法给予特别优惠。

绿谷基地最大的特点是政府主导台商投资。在政府主导下，台商自行投资组建了泉州绿谷建设有限公司，自行开发、招商，开创了大陆台资企业协会创办台商投资工业园区的先例。在绿谷基地的开发上，双方确定了一种"5+4"开发体制，即政府负责审批、项目审查、外部配套、征地拆迁、行政服务，绿谷公司负责设计、招商引资、内部配套、基地管理，建立"政府搭台、企业运作、以台引台、高位对接"的建设机制。

在中国境内的中外合作开发项目与台商投资区，从引进先进经营管理理念、创新管理模式和改善境外资金进出的营商环境等方面做了许多有益的探索与尝试，这些开放性的摸索过程对于新时期我国全面建设开放型经济以及建设自由贸易港等方面都可提供诸多有益的借鉴。

## 四、自由贸易试验区全面深化投资贸易自由化的探索实践

由于 WTO 多哈回合谈判受阻，全球开启了新一轮国际自由贸易谈判。尤其是跨大西洋贸易与投资伙伴协议（TTIP）、跨太平洋伙伴关系协议（TPP）、中美双边投资协定谈判（BIT）、多边服务业协议（TISA）、美洲自贸协议（FTAA）等国际自由贸易谈判积极推动国际投资贸易规则的重塑，加快促进国际双边贸易和多边贸易体制改革，全面深化全球范围内投资贸易自由化。可见，深化全球投资贸易自由化以推动区域经济一体化已经成为世界各国的现实选择，同时，建设自由贸易试验区也是适应新时期全球经济一体化形势的前瞻性布局和自主性尝试，对我国作为贸易大国参与国际投资和经贸规则制定、提升国际话语权具有重大战略意义和现实意义。积极探索自由贸易试验区投资贸易自由化、便利化的营商环境、法制环境，将是我国建设自由贸易试验区的重要目标任务。

## （一）自由贸易试验区深化投资自由化的探索实践

**1. 加快投资制度优化**

近年来，国际投资自由化的标准越来越高，国际市场对投资准入和投资保护提出了更高的要求，同时，全球市场越来越强调投资的公平竞争和权益保护，国际投资新规则正在重塑。可见，为了适应当前国际投资规则的变迁，我国需要继续加快自由贸易试验区的投资制度的优化进程，在各大自由贸易试验区先行先试更高标准的国际投资新规则，以不断推动我国自由贸易试验区大力开展投资制度改革，为我国企业积极探索符合国际通行做法的经济大环境。但是，从根本上看，我国目前的投资制度安排与国际经济贸易投资新规则尚未完全对接，与国际投资自由化标准仍有一定差距。因此，在全球化经济治理的大背景下，我国加快建设和发展自由贸易试验区，开展一系列的投资贸易试验任务和创新举措，并复制推广自贸区经验至区外其他经济区域。同时，充分利用自由贸易试验区平台，广泛展开自由贸易区协议谈判，积极主动加强双边或多边合作，争取主动参与国际经贸投资新规则，加强我国与世界各国各地区投资制度的协调性。一方面，发挥投资制度的激励和约束效能，健全企业信用约束机制，提高投资制度外溢的正外部效益，稳步推进自由贸易试验区投资制度改革；另一方面，提高投资制度的国际化发展水平，高度对标国际经济贸易投资新规则，主动顺应国际经济贸易投资的重构现实，有效推动新一轮国际经济贸易投资开放发展，为实现与国际经济贸易投资新规则有效衔接奠定制度基础。

**2. 降低投资准入"门槛"**

我国自由贸易试验区通过外商直接投资负面清单的管理模式，减少或取消对外商投资的准入限制，提升外商直接投资的开放度和透明度，同时，提高了外商直接投资效率和积极性。可见，在我国自由贸易试验区的改革与创新的进程中，投资的市场准入"门槛"进一步降低了。首先，我国自由贸易试验区不断扩大服务业的开放程度，特别是在金融服务、航运服务、商贸服务、专业服务、文化服务以及社会服务等服务业领域，以扩大投资的准入范围，鼓励从事长期投资的机构投资者参与中国经济大飞跃和大发展；其次，我国自由贸易试验区不断降低外商投资公司准入条件和民间投资准入"门槛"，尤其是降低了外商投资的准入"门槛"和投资交易成本，如暂停或取消投资者资质要求、注册资本、股比限制、经营范围限制等投资准入限制措施（银行业机构、信息通信服务除外），以营造有利于各类投资者平等准入的市场环境[1]；最后，我国自由贸易试验区还加快完善了投资者权益保障机制，允许符合条件的境外投资者自由转移其合法投资权益[2]，稳步推进投资准入"门槛"的改

---

[1]《中国（上海）自由贸易试验区总体方案》，载《国务院关于印发中国（上海）自由贸易试验区总体方案的通知》，2013年9月18日。
[2]《中国（福建）自由贸易试验区总体方案》，载《国务院关于印发中国（福建）自由贸易试验区总体方案的通知》，2015年4月28日。

革步伐。进一步降低投资准入"门槛",将有利于改善投资环境,激发社会投资活力,特别是有利于鼓励民间投资,使民间投资者少遇到一些"玻璃门""弹簧门",并充分发挥民间资本的作用。

**3. 改革外商投资管理模式**

我国自由贸易试验区积极探索建立负面清单管理制度,在借鉴国际投资新规则及其新趋势后,加快构筑对外投资服务促进体系,提出了对外商投资实行"准入前国民待遇加负面清单"管理模式。即通过研究制定试验区外商投资与国民待遇等不符的负面清单,改革外商投资管理模式①。从本质上看,这项外商投资管理模式的改革,既是我国自由贸易试验区转变政府职能和提升行政效率的重要表现,也是提高外商投资准入透明度和便利化程度的重要彰显,将更符合我国自由贸易试验区内产业结构性改革和产业发展导向。从监管时间来看,我国自由贸易试验区对外商投资管理从传统的事前审批转向事中和事后监管,对外商投资准入特别管理措施(负面清单)之外领域,则是按照内外资一致原则,外商投资项目实行备案制(国务院规定对国内投资项目保留核准的除外);根据全国人民代表大会常务委员会授权,将外商投资企业设立、变更及合同章程审批改为备案管理,备案后按国家有关规定办理相关手续;以上备案制均由自由贸易试验区所在省份办

---

① 潘婧,基于负面清单的外商投资管理模式分析[D].南京大学硕士学位论文,2014.

理。从审批方式来看，我国自由贸易试验区逐渐减少项目前置审批，并推进网上并联审批，不仅提升了政府办事效率，也降低了企业的时间成本。例如，外商投资可以通过自由贸易试验区"一口受理"窗口服务模式，在3～4个工作日内实现同步办妥备案证明、营业执照、企业代码和税务登记业务。从监管体系来看，我国自由贸易试验区还强调强化外商投资实际控制人管理，完善市场主体信用信息公示系统，实施外商投资全周期监管，建立健全境外追偿保障机制和综合监管体系，有效防范开放风险。

**4. 构建对外投资合作服务平台**

构建自由贸易试验区对外投资合作服务平台，建立健全投资服务资源整合机制，整合境内外现有投资服务资源，有助于形成完善的投资促进组织结构体系。实践证明，通过搭建和完善对外投资合作综合性服务平台，包括信息服务、人才培训服务、中介服务、互联网技术服务、展会平台服务等功能性服务平台，为对外投资提供前期、中期和后期服务，是我国自由贸易试验区深化投资便利化的前期重要探索。一是建立创新创投数据库平台，完善投资机会数据库。通过分析对外投资合作有关的政策法规、国别指南、投资机会等信息，支持自由贸易试验区各类投资主体开展多种形式的对外投资合作，为对外投资提供前期信息服务。二是健全对外投资服务评价体系，对区域对外投资合作进行有效的评估和监督，尤其是对对外投资合作的规模、结构和效益的评价，为对外投资合作提供中期评估服务。三是创新投资服务促进机制，加强境外投资事后管理和服务,形成多部门共享的信息监测平台,以做好对外直接投资统计和年检工作,为对外投资合作提供后期监管服务。四是搭建人才服务平台,在强化人才引进和培育服务功能的同时,加强对外投资合作高素质人才储备,着重培养政府工作人员的外资监管能力,建立对外投资合作服务人才供给的长效机制,为对外投资合作服务平台提供长期服务保障。

## (二)自由贸易试验区深化贸易便利化的探索实践

### 1. 培育新型贸易方式

新型贸易业态和新型贸易方式已经广泛成为世界各国现代贸易竞争的重要手段和竞争优势。培育新型贸易业态和新型贸易方式是我国各大自由贸易试验区的重要目标,通过积极培育、拓展新型贸易业态和功能,形成以技术、品牌、质量、服务为核心的外贸竞争新优势[①]。在平台经济大背景下,当前我国自由贸易试验区新型的贸易业态和贸易方式主要有文化创意产业、跨境电子商务、大宗商品电子商务以及服务贸易、文化贸易、版权贸易、离岸贸易、港口贸易、市场采购等高技术、高附加值货物贸易和服务贸易。为加快新型贸易业态改革和培育新型贸易方式,推动新型贸易业态和新型贸易发展持续健康发展,我国自由贸易试验区

---

① 《中国(湖北)自由贸易试验区总体方案》,载《国务院关于印发中国(湖北)自由贸易试验区总体方案的通知》,2017年3月15日。

中国自由贸易港探索与启航——全面开放新格局下的新坐标
Exploration and Sail on China's Free Trade Port: New Coordinate under The New Ground in Pursuing Opening Up on All Fronts

正加快探索创造可借鉴、可复制、可推广的经验和模式，为深化全国新一轮的改革开放积累丰富经验。一是加快推进自由贸易试验区跨境电子商务及其配套平台和支撑系统建设，将新型贸易方式与跨境电子商务有效融合，实现自由贸易试验区物流体系的标准化和国际化管理，支持我国电子商务企业"走出去"，充分拓展海外市场，并在传统产业的有形市场与电子商务下的无形市场的共同推动下，促进营销转型升级和贸易效率提高。二是探索建立离岸保险税制，积极发展离岸贸易和转口贸易。依托国际空港、陆港和各类口岸，推动转口贸易发展，完善国际中转集拼和国际转口贸易枢纽功能[①]。我国自由贸易试验区从跨境电商到离岸贸易再到离岸跨境电商，世界贸易格局正积极演变，赋予了我国自由贸易试验区更多的机遇和挑战。

**2. 加快服务贸易创新发展**

加快发展服务贸易创新发展是促进自由贸易试验区贸易转型升级的重要支撑，也是推进自由贸易试验区供给侧结构性改革的重要抓手，对于扩大服务贸易出口、推动产业结构调整和转型升级、开展国际产能合作、实现外贸从"大进大出"向"优进优出"转变具有重要的战略价值。从世界范围来看，当前全球贸易的重心正从货物贸易转向服务贸易，服务贸易或成为新时期经济发展

---

① 《中国（河南）自由贸易试验区总体方案》，载《国务院关于印发中国（河南）自由贸易试验区总体方案的通知》，2017年3月15日。

第四章
自由港的国内探索

的新动能。自由贸易试验区致力于发展服务贸易，并形成一批可复制、可推广的经验借鉴，协调推进服务贸易创新试点。一方面，我国自由贸易试验区要抓住世界历史性新机遇，积极推进服务贸易立法，确保服务贸易要素自由流动（如跨境租赁服务等），塑造服务贸易特色优势，并进一步开放和拓展服务贸易的国际市场。另一方面，我国各大自由贸易试验区要加快搭建服务贸易促进平台，探索与服务贸易特点相适应的监管模式；推动发展技术转让、许可证贸易、技术咨询及服务、成套设备引进等多种形式的技术贸易；扩大对外文化贸易和版权贸易；建设软件外包人才产业链；积极承接信息技术、生物医药研发、管理咨询、工程设计等服务外包业务[1]。尤其是通过跨国公司战略的实施，将加快服务贸易创新发展，实现服务贸易自由化便利化。

**3. 创新通关监管服务模式**

自贸试验区建设实践中，必须构建与贸易的便利化、自由化要求相适应的通关监管机制，以更好地服务自由贸易试验区发展战略。因此，积极探索贸易通关监管服务模式创新和通关机制创新，强化通关协作机制，优化口岸贸易环境，实现自由贸易试验区内各项区域通关一体化，是我国自贸试验区在新一轮对外开放和创新试验的重要战略举措。当前，我国自贸试验区内的海关特

---

[1] 《中国（湖北）自由贸易试验区总体方案》，载《国务院关于印发中国（湖北）自由贸易试验区总体方案的通知》，2017年3月15日。

殊监管区域实施"一线放开""二线安全高效管住"的通关监管服务模式。具体表现在：一是简化通关手续，提高通关效率。按照国际标准改革并统一通关标准，简化通关流程，不断升级国际贸易"单一窗口"的应用功能，实现快速、高效、低成本通关服务流程，同时，也可以利用互联网和大数据促使口岸贸易的"串联"监管向"并联"监管转变，进一步推动港口腹地更直接面向全球需求。二是完善通关合作机制，优化口岸通关环境。建立海关内部及其与政府部门、企业、第三方服务机构的合作机制，开展货物通关、贸易统计、"经认证的经营者"互认、检验检测认证等方面合作。同时，以供应链为导向制定口岸管理的切入点，整合口岸管理资源，全面实现"信息互换、监管互认和执法互助"三位一体。尤其是通过建立信息利益共享机制，探索与"一带一路"沿线国家开展贸易供应链安全与贸易便利合作的合作机制，以加速优化口岸通关环境，促进口岸通关便利化。三是探索货物状态分类监管模式，加快建设综合物流服务平台。在确保有关监管前提下，允许海关特殊监管区域内企业生产、加工并内销的货物试行选择性征收关税政策，加快促进加工贸易货物内销便利化。

## 五、改革开放以来我国沿海港口城市开放发展的探索实践

改革开放以来，我国沿海地区的港口不断发展壮大，有效促

进了港口城市经济的增长；反之，港口城市经济的迅速发展也为港口进一步发展壮大提供了有力支撑。在我国政府提出的"21世纪海上丝绸之路"的倡议中，港口城市的战略核心地位被明确提出来，明确作为联结国家之间合作的纽带，其中指明要着重建设上海、广州、天津等15个重要沿海港口城市建设，进而打造一座立体化的桥梁来有效沟通东、西方经济文化桥梁。因此，在当前实施"21世纪海上丝绸之路"倡议下，归纳整理进而展望我国港口城市的发展现状显然有着特殊意义。

## （一）现代港口城市的特性

港口城市作为现代化城市经济发展的高级阶段，本质上应包含现代化、国际化、港口三大基本要素，且三个基本要素是紧密联系互动。一方面，港口作为城市的开放窗口，有效促进城市走出去，进入更高水平、层次更高的现代化港口。反之，城市的快速发展也为港口的现代化提供了技术、资金、物流乃至人才等方面的资源要素和保障；另一方面，城市的现代化进程也需要依托港口的门户作用，来实施外向化和国际化的发展战略。由此可见，现代化港口城市，主要是指以一定的城市腹地为依托，着重发展港口经济，充分发挥港口的窗口作用，进而有效联结陆地文明和海洋文明的城市。港口城市是城市的一种特定形式，是港口和城市的有机结合。城市作为港口的载体，只有在经济、政治、文化、历史等方面与港口有机融合，达到港城互动发展，才能成为港口城市。具体而言，港口城市应具备相关要素：一是作为港口，能够承担起国际航运及物流配送中心的功能；二是具有较强的临港工业基础及高水平的贸易区，能够成为全国乃至全球贸易中心的潜质；三是港口服务业较为发达，具备承载港口运输作业的服务支撑。其实，从溯源上来讲，港口城市作为城市的一种类型，其既有一般城市的共性，也有港口特殊体系及港口支撑产业的具体个性。因此，与一般城市的功能相比，港口城市功能要承载多样的临港特性。

**1. 产业集聚、辐射及带动效应更为明显**

港口城市是联结着海陆两个区域的空间枢纽，不仅通过陆上各交通网络系统，聚集着陆地城市中各经济社会能量，同时也可以通过海上和空中大通道，大幅度地参与到国际分工和国际经济的大循环中，从而在全球范围内吸纳各先进生产力的各种要素。可以说，建设国际港口城市对于当前社会中物流、资金流及技术流动，包括信息数据循环的聚焦作用更为凸显，并且相对于一般城市，这种集聚功能无论是密度、广度还是深度都更为突出。

**2. 临港产业和港口服务业高度发达**

作为海陆两个区域的交会点，港口城市往往是综合运输网络的结合体，其产业带动效应明显，能够形成以港口和海岸线为中心，并带动相关的石化、机械、能源及造船等产业的发展，进而带动空运、陆运、物流业和仓储等相关服务产业的发展，从而形成一个有机的、有序的整体。

### 3. 港口物流体系现代化水平较高

与一般城市交通系统相比，港口城市的交通系统是立体多维的，其运输频率也更为快捷，不仅具备较为发达的陆地运输网络和航空运输系统，而且也具备着以港口为枢纽的现代化的水上运输网络。可以说，港口城市的现代物流运作系统是城市永不停止的"发动机"，是促进城市交通系统高效协调运转的能量基石。

### 4. 城市外向形态更为开放

港口城市，尤其国际化港口，与内陆城市相比，其具有明显的区位优势。由于其独特的港口优势，港口城市往往是最先参与到国际分工体系中，从而也是较早受到全球区域经济中心和贸易中心的辐射，乃至成为国家层面对外开放的桥梁。同时，通过与腹地经济的协作分工，充分发挥跳板作用，有助于内陆城市走向国际市场，形成多层次的开放格局，推动整体经济素质的提高。

### 5. 港口与城市之间互动机制越来越紧密

现代化港口城市往往是交通、工业、贸易与城市四位一体，港口、城市和产业三者紧密联系，即通过建设以港口为中心的交通体系，带动相关临港产业及服务业的兴起和发展。反之，产业的发展也会促进港口的繁荣，从而带动城市的发展和繁荣。此外，借助对外贸易，促进对外交流，通过区域内外的互动，实现各种产业地有机结合，并依托城市作为载体，使得产业在市场中生产得到进一步延续。

## （二）改革开放以来我国沿海港口城市开放建设情况

区域经济学认为，在区域经济发展进程中，不同时期、不同行业及不同地区经济发展层次会呈现出不平衡状态。在一段时期内，往往产业及人才会会聚到一个或几个地区，呈现出某个区域的产业集聚，造成这些区域形成经济增长极。比如改革开放以来，我国沿海地区的港口经济发展迅速，就成为我国经济发展的重要带动力量。以青岛港为例，自2004年完成港口吞吐量1.63亿吨之后，成为我国三大港口之一，青岛港的港口经济集聚效应就日益呈现出来，带动物流业、临港服务业和造船业迅速发展，也吸引众多著名海运企业纷纷来青岛投资，如韩国韩进海运、日本的伊藤忠等企业，从而带动大量资金、人才及技术会集到青岛周边区域，形成了大量的外部资金及人才投入，为当地经济发展带来新的活力。

### 1. 港口规模不断扩大，吞吐量呈现出多样化表现趋势

自2010年以来，我国港口吞吐量上亿吨的港口总量已接近26个，占全球吞吐量亿吨港口总量的2/3，连续七年稳居世界首位。而且在世界港口集装箱运量排名中，上海港位居全球第一位，香港港、深圳港、广州港和青岛港则稳居第三、第四、第六和第七

的席位。"十二五"期间中国沿海港口吞吐量以年均增速13.6%的速率增长,完成旅客吞吐量1.77亿人,外贸吞吐量25.01亿吨,基本建成煤、矿、油、箱、粮五大专业化系统。可以说,我国已跻身全球港口大国行列,形成新的增长机遇。

### 2. 基本形成沿海三大港口城市带

当前,我国沿海港口城市在宏观结构上布局秉承地区差异化及疏密程度标准化原则,基本形成以天津为中心的环渤海港口城市带、以上海为中心的中心长江三角洲港口城市带和以广州为中心的珠江三角洲港口城市带等三大沿海港口城市带。

首先,环渤海沿海港口城市带是以天津为核心,大连、青岛为两翼的三足鼎立的环渤海港口城市带模式,以此带动其他中小港口城市和经济腹地的发展。从自然地理角度来看,与俄罗斯、蒙古国、朝鲜半岛、日本列岛相邻,是欧亚大陆桥的东端"桥头堡",其包括辽宁、河北、山东三省和天津、北京在内的中国北方沿海地区,区域面积达112万平方千米,人口达2.4亿人,联系着太平洋和中亚、中东乃至西欧,可以说环渤海经济区在以上这些区域之间经济贸易中起着非常重要作用。环渤海地区依托我国最大的内海——渤海,有着其独特的发展优势。该地区呈环状分布着大小十几个沿海港口城市,青岛、大连、天津等枢纽港都分布在这个区域,港口吞吐量占全60%以上,基本形成涵盖公路、铁路、航空、海上航运中心及通信网络中枢系统的海陆空立体形成综合运输网和通信网。该地区工业基础扎实,大中型骨干企业多,建材、纺织等工业都很发达,

# E 中国自由贸易港探索与启航——全面开放新格局下的新坐标
xploration and Sail on China's Free Trade Port: New Coordinate under The New Ground in Pursuing Opening Up on All Fronts

在全国占有重要地位，而且海洋资源及陆地矿产资源都十分丰富。

其次，长江三角洲港口城市带目前基本形成以上海为中心，江苏、浙江为两翼的单核集中型的港口城市带的模式。从地理位置来看，由江苏、浙江、上海二省一市组成的我国中部沿海地区，地处长江三角洲与杭州湾沿岸，地理位置优势较大。近年来，长江三角洲港口城市带发展迅速，伴随着城市规模的不断扩大及各城市之间的联系不断加强，这一地区的港口城市有力地拉动了整个区域经济的快速增长。该区域依托长江的资源优势，面向海洋，倚傍内陆交通发达的区位优势，农业生产集约化程度高，商业氛围浓厚，工业基础扎实，交通便利，城市间经济、文化、信息交流密切。在整个港口城市带区域内，各港与世界逾180个国家和地区开辟了900多条集装箱航线，每天有240多个航班往来。目前，长江三角洲港口城市主要有上海、宁波和南通。其中上海是全国的经济中心和数字信息中心，同时也是全国最大港口和金融中心、贸易核心及最大的综合性工业基地。相比于其他港口城市，上海国际港口优势在于其合理的经济结构和强大的经济规模综合实力，从而有效发挥其大流通及大服务的综合性功能，具体体现于集散、生产、管理、服务和创新和充分发挥集散功能，推动国际金融、国际贸易发展，强化服务功能，保证其港口中心城市内外沟通和有效传动。宁波港口主要是依托北仑深水港的开发，跃升为全国港口的通航等级之首。其主要特点是以轻纺工业和加工工业为主，目前石油化工和能源工业已然初具规模，对外贸易也发展迅速。南通市是江苏省著名的轻纺工业基地和沿海港口城市，南通港为河口型天然良港,水域辽阔,岸线顺直稳定,开发潜力较大。总体而言,以上海为中心的长江三角洲港口城市带产业结构布局较为合理,各城市之间实行互补性专业分工,充分发挥上海经济中心城市的服务作用,从而形成城市群的产业集聚,有助于推动各城市之间的横向经济联合,共同开发长江流域,为推动长江经济发展奠定基础。

第三,以广州为中心的珠江三角洲港口城市带涵盖广州港、深圳港、珠海港、虎门港等大中型港口,同时也分布着湛江港、汕头港等众多小港口。自1978年对外开放政策的全面实施以来,众多外资涌入珠三角,并带来了众多先进的产品及技术和管理经验,从而有效促进了当地经济迅速发展。大多分布在珠江三角洲沿岸的沿海港口城市,依托珠江三角洲优越的地理位置、良好的自然条件和丰富的资源发展自己。目前珠江三角洲地区已形成多种经济开发层次,商品经济发达,经济实力雄厚。其中广州港是主要的综合枢纽港,成为继上海港、宁波—舟山港之后,第三个货物吞吐量进入"4亿吨俱乐部"的港口。广州以其特殊的地理位置及港口城市功能,同香港一起形成我国双心组合型的沿海港口城市带的发展模式,共同承担我国南部沿海港口城市带的中心地位并发挥重要作用。

## (三)我国港口城市开放发展经验对建设自由港的启示

### 1. 港口开放发展可有力带动区域经济发展

港口经济是由港航、临港工业、商贸、旅游等相关产业有机组合而成的一种区域经济，其重要作用在于作为本地区与外界物资和信息交换的重要载体，着力推动区域经济发展的重要力量。从全球港口的发展演变趋势来看，当前港口正日益演变为全球资源配置的重要枢纽，并成为全球生产、销售等整个供应链中重要的节点，加之高新技术在港口领域得到全面应用，使得港口功能进一步完善，并作为国际物流活动主要的载体，在国际贸易与国际经济合作中发挥着越来越重要的作用，对区域经济的拉动能力不断增强。比如上述三大港口城市带大都形成以港口为起源地，形成临港工业产业链，带动周边产业集群及都市群向港口转移，从而不断加强临港经济的辐射效应。

### 2. 腹地经济是支撑港口发展的重要基础

腹地经济本身可区分为直接腹地和混合腹地。直接腹地指某一港口独有的腹地，腹地内所需水运的货物全部经由该港；混合腹地指两个或两个以上的港口共同拥有的腹地，即数港吸引范围相互重叠的部分。相比之下，混合腹地更能促进港口之间的竞争。但总的来说，港口城市经济的发展本身是需要强大的腹地经济作为支撑。两者之间存在着相互作用和相互依存的关系，港口的发展为腹地经济的发展创造了众多条件，港口越发达，越来越多的企业到港口经济腹地投资，从而促进经济腹地发展；同样，经济腹地越发达，对外联系越频繁，对港口的运输需求也会越大，从而推动港口规模的扩大和结构的演进。

### 3. 由点及面的开发模式及合理产业带对港口经济发展有重要推动作用

当前我国各个区域的港口城市在经济发展实践中所采取的城市发展模式基本上都是"点—轴—圈"开发模式，即依托港口城市作为核心，以沿江地带为轴线，扩及腹地的"点—轴—圈"的模式，从而实现周边城市的共同发展。同时，通过政府扶持、公私合作，即以政府的规划投资及颁布各项有利于港口经济发展的政策和措施为基础，对港口的建设、产业布局包括各企业的合理引入进行严格把关，对于不同地区、不同港口特点进行因地适宜地规划建设和科学合理的布局，调整优化临港工业结构，明确各地临港工业要发展的主导产业，着重发展生态产业链，从而形成资源共享、错位发展、环境友好的临港工业发展格局。

# 第五章
# 自由港的趋势展望

## 一、自由港的国际展望

自由港,作为一种既古老又崭新的贸易促进机制,在发展过程中,其功能逐渐演化,在世界经济发展中始终发挥着不可或缺的作用。从历史上看,自由港的诞生与演进主要依靠于两个方面:国际政治经济秩序和关税制度。

### (一)世界自由港的演化历程

**1. 第一代自由港(16世纪~20世纪40年代)**

自由港的雏形最早出现在欧洲,这与欧洲海洋文明发展较早

## 第五章 自由港的趋势展望

和其国际贸易的繁荣发展高度相关。1547年，意大利正式将热那亚湾的里南那港（现名为雷格亨港）定名为世界上第一个自由港，标志着第一代自由港从欧洲地中海沿岸兴起，并快速风靡至北海和波罗的海地区。此后的两个世纪中，欧洲的一些港口城市，如那不勒斯（意）、威尼斯（意）、波尔多（葡）、敦刻尔克（法）、哥本哈根（丹）、汉堡（德）、不莱梅（德）等也相继开设自由港或成为自由市（Free City）。这些城市借助优越地理位置和发展国际贸易的有利条件，免除进出口关税，吸引外国商船，扩大转口贸易，发挥商品集散中心的作用，成为欧洲各国发展对外贸易的重要门户。

新航路的开辟和新大陆的发现，伴随欧洲殖民者在美洲、亚洲、非洲的殖民扩张，自由港出现在欧洲宗主国在美、亚、非洲的殖民地和附属国。殖民自由港因地理位置优越多为贸易中转港，为宗主国利益服务，被迫成为帝国主义全球商品贸易网络中的节点。而美国为扭转国际贸易地位下降的被动局面，于1936年到1950年设立并投入运营5个对外贸易区，分别位于纽约、莫比尔、新奥尔良、旧金山、西雅图，均为美国各州重要的海港城市。

受地理环境和技术水平所限，从15世纪到19世纪末，海洋运输都是连通世界各大洲的主要交通方式。因此，第一代自由港以海港型为主，主要从事转口贸易和转运业务，在国际贸易中发挥"运输枢纽"功能，将本地市场和海外市场直接连通，提升了国际贸易的自由度和便利度，并且是资本主义向全世界扩张的重要工具。

## 2. 第二代自由港（20世纪40年代后出现）

第二次世界大战后，世界政治、经济格局发生重大改变，加上第三次科技革命带来的技术革新，贸易的发展发生了前所未有的变化。自由港的功能随之产生了巨大的演变，免关税已经不是其最主要功能，殖民工具也逐渐退出历史舞台。这个时期出现的第二代自由港突破了第一代港口的空间限制，并由此产生了功能差异，区位上由港口码头向港口腹地延伸，功能上新增了较高增值性的"工业制造"功能，这无疑为自由港注入了新鲜活力。当然，这一系列的变化与关贸总协定（GATT）及海关合作理事会（CCC）也有着密切的关系。

一方面，以出口加工区为代表的工业型自由港出现，成为发展中国家（地区）在全球产业结构调整背景下吸引外资和先进技术，实现快速工业化和现代化的有效手段。最为典型的是新加坡和中国的台湾、香港，它们都是在遇到转口贸易严重衰退后才分别于20世纪50年代中期和末期提出转向大力发展加工制造工业的。另一方面，一些发达国家也在本国自由港内增设工业区，旨在防止国内就业岗位大量流失。其中，美国国会于1950年通过博格斯修正案（Boggs Amendment），准许在对外贸易区内进行"制造"活动和"展示"活动，以此提升对外贸易区的吸引力和竞争力。1952年，美国对外贸易区委员会授权一些不方便迁移至对外贸易区的特定企业设立对外贸易区分区，受益者多属于大型制造业。

与普遍分布在海港的第一代自由港相比，第二代自由港选址的空间更为广阔。随着国际贸易和现代物流业的发展，"无水港"在内陆地区出现，满足了内陆地区直接与国际市场连通的需求，为经济发达、有大量的外贸商品的内陆地区经济发展提供了新机遇。航空运输和保税物流使原本只能应用于海港的自由港政策延伸到了内陆，一批自由区依托无水港以"飞地"状态产生，比较典型的有爱尔兰的香农和荷兰的史基浦等空港自由港。

### 3. 第三代自由港（20世纪80年代后形成）

20世纪80年代末以后，随着欧盟一体化的推进，特别是欧盟的建立与东扩，统一的关税政策改变了欧洲整体的自由贸易状态，导致自由港的功能萎缩，自由港在欧洲逐渐失去了存在的意义。自2013年开始，最著名的汉堡自由贸易区已经拆除围网，正式终结其125年的发展历史。

但是在其他地区，自由港依然方兴未艾，并且在信息技术的推动下迎来新的发展机遇。第一，具备了信息港功能，成为综合运筹国际贸易和物流信息的资源配置中心。全球商品流、资金流、信息流、技术流、人才流等生产要素可以通过自由港快速流通。供应链各环节参与方的供求信息能够在自由港平台上高效匹配。第三代自由港正在从港口服务的被动提供者转型为国际贸易生产要素配置的组织者、参与者。第二，成为多功能集成平台，且朝着全方位的增值服务方向发展。自由港政策被进一步运用到金融、保险、旅游、信息服务等服务业领域。第二代自由港的相关功能以"生产作业功能区"的形式被纳入第三代自由港中，主要从事货物贸易，发挥运输、港口作业、临港工业等基础功能。在第二代自由港的基础上新增了"综合服务功能区"，重点开展服务贸易，提供物流分拨、航运服务、金融服务、法律服务及港口社区服务（休闲娱乐）等综合服务。第三，成为产业集聚基地。一些国家或地区成功地将产业发展与自由港发展相结合，形成各类专业化新型自由区。例如，迪拜依托海港杰贝阿里自由区和空港迪拜机场自由区，打造了迪拜网络城、迪拜媒体城、迪拜珠宝城、迪拜汽车城、迪拜知识村、迪拜五金城。同时，迪拜还是著名的旅游胜地。第四，港城逐渐融合。第三代自由港重视与港口城市的联动，通过陆、水、空等多种运输方式，拓展自由港功能半径，形成港口与腹地城市之间的综合性功能网络。自由、开放、高效的理念突破了物理隔离线，外溢至港口城市管理体系中。以中国香港和新加坡为代表的自由港现已实现了港城一体化，自由港功能与城市功能融合发展，成为目前自由开放程度最高的自由港城市。

综上所述，第三代自由港以信息技术为媒介、以城市为主体，以港口为核心，集转运、仓储、贸易、工业及金融服务、休闲娱乐等多功能于一体，成为筹划、组织和参与国际经贸活动的资源配置中心、综合服务平台、物流集散中心和产业集聚基地。

### 4. 第四代自由港演化展望

未来世界主要港口的进化趋势将是超越狭义的港口概念或个

体的港口，发展成为集港口、临港产业和城市功能为一体的港城或者由多个港口组合形成的网络港口群。因此，作为港口功能演化的先行者和风向标，今后，自由港演化可能出现两种趋势。

一是在经济、技术领域和港口城市管理层面实现自由港强强联合，形成第四代自由港城市联盟。当前，世界级大港之间的合作水平不断加深，鲜明地呈现出"物理空间上分离但通过公共经营者或管理部门相连接"的主要特征。以新加坡为例，新加坡国际港务集团（PSA）目前在全世界范围内专门从事的集装箱码头投资和运营业务已拓展至 17 个国家，共投资 29 个港口。除了共同经营集装箱码头，新加坡港还与其他世界级大港，在信息共享、港口作业协作、海事服务标准协商统一等领域深入合作。2015 年 4 月，同为国际船舶燃料供应中心的新加坡港和鹿特丹港就协商统一添加液化天然气（LNG）的运作标准开展合作。鉴于两者举足轻重的地位，所以新加坡与鹿特丹的此次合作有可能对国际船舶燃料供应行业产生重大影响。

二是自由港个体被自由贸易区（FTA）内的港口联盟取代。当前，世界经济一体化不断推进，区域合作方兴未艾。近年来，在美国和欧盟为首的发达国家推动下，国际经贸规则面临新一轮重大调整，一系列贸易和投资谈判被提上议程，如跨太平洋经济战略伙伴关系谈判（TPP）、跨大西洋贸易和投资伙伴关系谈判（TTIP）等。随着这些谈判的逐步深入和部分框架协议的达成，各自由贸易区成员国之间的关税壁垒正在逐步消除，货物贸易、服务贸易和投资环境越发宽松和开放，自由港的个体优势逐渐弱化。

一些自由港和自由贸易区或因经营不善而被取消，还有一些则顺应区域经济一体化趋势，放弃本身的自由港特殊地位，成为所在自由贸易区港口联盟中的一员。在同一自由贸易区内，各国不再需要重复设立属于本国的自由港，而是通过协商形成合理的分工定位和有序的竞争序列，打造属于整个经济一体化区域的自由贸易港口群。这个趋势在欧洲已经初露端倪。

总之，自由港的代际演化伴随世界政治、经济秩序变化及关税制度变迁而进行，是一种整体性的制度变迁，表现在功能的扩展、范围的延伸、政策的调整、产业的转型等方面，其结果既有可能是不断代际更迭，也有可能是归于终结。

## （二）世界自由港的演化趋势及展望

经过长时期的发展，世界自由港在功能、形态、地域分布和产业拓展等方面呈现出有规律性的演化特征，并且正朝着新的趋势不断演进。

### 1. 功能演化：功能单一化转向功能多样化

随着国际政治、经济秩序和关税制度的演变以及产业分工的发展，自由港承担的功能也在不断演化，其功能由单一化逐步转向多样化。自由港早期的功能仅限于从事转口贸易。这些城市设立自由港的目的是借助其优越的地理和区位条件和发展国际贸易的独特优势，允许中转货物不必办理报关手续，并为其提供豁免关税的政策，吸引过往的外国商船，扩大转口贸易规模，发挥商品集散中心的作用，进而促进当地经济的发展。例如，18世纪德国汉堡和不来梅、法国敦刻尔克等城市基于此目的先后成立了自由港。随着资本主义发展到以商品输出为主的自由竞争时代，资本主义国家为了将其本国工业品销售到其他国家，同时廉价收购经济落后地区的原材料，不断推崇自由竞争和自由贸易政策。在殖民地建立自由港成为其推行这一政策的重要手段。例如，新加坡和中国香港就是在此背景下成为了英国开辟的自由港。随着中转货物交易量的增加和各国间商业活动的拓展，自由港逐步增加诸如储存、分级、混装、加包装、贴标签、商品展示和简单加工装配等功能。当资本主义发展到以资本输出为主的垄断时期，自由港允许制造商在港区内设厂，发展加工装配业。制造商开始引进生产设备和生产管理技术，在自由港建立工业基地。例如，新加坡为了改变依赖转口贸易为主体的殖民经济结构，也开始逐步建立自己的工业基础，推行工业化战略。自由港的功能逐步由转口贸易转向加工贸易。

第三次科技革命引发的技术变革使得贸易对象从商品贸易逐步拓展为商品与服务贸易相结合，自由港的功能更加多样化。自由港大力发展高新技术产业和交通运输、通信、旅游、金融等现代服务业。此外，自由港还致力于打造高效的行政体系、开放的投资和金融体系，推动贸易方式更加便利化，营造良好的海关监管环境，完善市场经济法制法规建设，成为所在国家或区域对外开放的新高地。一些运营成功的自由港成为地区性或国际性的物流中心、金融中心和高新技术园区。随着国际航线连通全球城市以及国际经贸规则面临新一轮重大调整，自由港的功能将得到进一步衍生：一是通过经济、技术和港口城市的强强联合形成自由港联盟。自由港联盟通过运用和整合成员间相容且互补的资源形成新的综合优势，进而不断开拓新市场。二是以自由港基础设施互联互通为基础，构建区域自由港网络。各国不再重复设立属于本国的自由港，而是通过协商形成合理的分工定位和有序的竞争序列，打造属于整个经济一体化区域的自由港群。

### 2. 形态衍生：转口贸易型演化为跨区域综合型

随着自由港功能的不断衍生，自由港的形态也在不断演变。当自由港的功能局限于发挥促进转口贸易的作用时，它的形态为转口贸易型自由港。而当它的功能扩大到既促进贸易又促进工业发展时，它的形态转变为加工贸易型自由港。随后，自由港的功能扩展到发展高端制造业、金融和旅游等现代服务业时，它的形态转换为综合型自由港。随着经济跨区域化发展，自由港充分融入周边经济合作区，深入开展区域分工合作，它的形态转换为跨区域综合型自由港。可见，随着经济联系日益广泛和深入，自由港的形态沿着从低级形态向高级形态转变的轨迹发展。当前世界各地的自由港在尊重港口自然属性的基础上，顺应区域经济一体化发展进程，利用制度设计和技术手段淡化行政区划甚至国家边界，借助海、陆、空多种交通方式结成立体交通网络，对港口开发和利用模式进行解构和重构，希望通过构建自由港联盟和区域自由港网络带动区域经济发展。为此，自由港的形态正朝网络化演进以顺应这一趋势。

### 3. 地域分布：局部性经济发达地区向广泛性发展中地区拓展

自由港的雏形最早可以追溯到公元前 12 世纪的古希腊时代。当时，腓尼基亚人为了扩大贸易额，将腓尼基亚南部海港泰尔及其北非殖民地迦太基两个港口划为为外国商人提供自由通行政策的特区。后来，当时全球经济最繁荣的地中海沿岸地区为了扩大贸易往来也允许外国商人自由进出部分港口城市。随着资本主义在西欧的兴起，大西洋沿岸成为新的经济繁荣区，部分欧洲国家陆续将地理和商业条件优良的港口城市开辟为自由港，如意大利的雷格亨港、里雅斯特、那不勒斯、威尼斯，法国的敦刻尔克和勒阿费尔，葡萄牙的波尔图等。当资本主义发展到以资本输出为主的垄断阶段时，垄断资本在世界范围内迅猛扩张，把一些处于国际重要航道和有潜力发展为贸易集散中心的殖民地港口辟建为自由港，如新加坡、西班牙的直布罗陀、也门的亚丁、摩洛哥的梅利利亚和吉布提、马来西亚的槟城、中国的香港和澳门等。自由港开始从欧洲和地中海沿岸等经济发达地区向亚洲、非洲等发展中地区扩展。随后自由港分布的地域逐渐扩大，截至第二次世界大战前，全世界的自由港和其他类型的自贸区共计有 75 个，分布在除大洋洲以外的世界 26 个国家和地区。第二次世界大战以后，中南美洲、加勒比海国家、拉丁美洲国家、非洲国家、亚洲国家纷纷建立自由港以带动当地经济的发展，自由港进入蓬勃发展阶段。在此期间，涌现出巴西的玛瑙斯、委内瑞拉的马加里塔、墨西哥的瓦哈卡、阿根廷的巴哈马、印度尼西亚的巴坦岛和罗马尼亚的苏利纳等较为著名的自由港。近年来，在经济全球化的推动下，世界自由港的发展依然保持着继续增长的势头，亚洲、非洲、拉丁美洲、北美洲和欧洲都有数量众多的自由港，只有大洋洲至今仍较为落后。但是发展中国家和地区新开辟的自由港还是在不断增加，自由港的设立仍然呈现出向发展中国家和地区持续扩展的趋势。

### 4. 产业拓展：低端化转向高端化

自由港的产业拓展呈现出从低端化向高端化演化的特征。转口贸易型自由港的产业结构通常为单一的转口贸易型经济。随着全球范围的产业调整和制造业转移，自由港转向大力发展加工制造工业，着手建设工业园区。在关贸总协定（GATT）及海关合作理事会（CCC）的推动下，货物服务通关便利化程度不断提高，自由港的交通运输、批发零售、金融保险、旅游等服务业不断发展，进入服务业与制造业并举发展期。为了适应全球化趋势及打造更加高效的产业链，现代自由港立足自身优势，优化产业布局，推动重点产业突破。自由港一方面不断推进贸易、物流、高端制造等原有产业提质增效，做大做强高新技术产业和金融业，继续保持原有优势；另一方面不断培育文化、租赁、消费等领域的新兴服务业态成长，大力发展国际旅游，不断拓展新优势。以新加坡自由港为例，在转口贸易阶段，其转口贸易及其衍生的经济活动所创造的产值约占 GDP 的 81%，其他产业发展严重滞后。随着新加坡推行工业化计划，工业成为国民经济的重要产业，服务业虽有所发展但仍处于次要地位。随后，新加坡实施制造业和服务业并重的"双引擎"战略，对工业结构进行调整，工业从劳动密集型转向资本—技术密集型，同时大力发展航运、物流、通信等服务业，这些产业有力地带动了商务和金融服务业的发展[9]。在此期间，制造业、贸易业、商业和金融服务业齐驱并驾走上快速发展之路。进入知识密集型经济时代，会展业、生化制药、数媒产业、环保产业等新兴现代服务业在新加坡自由港得到迅速发展。

## 二、我国自由港的发展展望

党的十九大报告中明确指出了要"赋予自由贸易试验区更大改革自主权，探索建设自由贸易港"，作为自贸试验区的升级版——自由贸易港引起了空前的关注。按照国际上通行的定义，自由贸易港是指全部或者绝大多数外国商品可以免税进出的港口，划在异国的关税国境以外，当外国商品进出港口时除了免交关税，还可以在港内自由改装、加工、长期储存或者销售。可以说，自由贸易港的建设是我国进一步深化改革，形成全方位开放格局的需要，是我国转变经济发展方式，参与国际贸易规则制定的必由之路。当前我国以 1+3+7 为典型的自贸试验区在原有的保税区、保税港区的基础上纷纷提出了建设自由贸易港的一系列构想。通过比较系统梳理国内自由贸易港的相关研究,可以总结出其在未来发展过程中主要呈现出如下五种态势。

## (一)区域分布上:逐步从东部沿海地区向中西部地区扩散

党的十九大后,国内多数省份积极地切入到自由贸易港的申报中,大抵可以分为如下三种类型:一是基于第一、第二批自贸试验区提出自由贸易港的申报,包括上海、天津、广东、福建等地,这些地区在探索自由贸易港建设方面有一定的基础和优势。例如上海依托其独特的地位提出了国际航运贸易中心的定位,围绕货物、资金和人员三大要素的自由流动指出未来将在外汇管理、税收优惠、外籍人士领取中国绿卡以及外地员工落户等方面取得新的突破[1];天津将作为京津冀协同发展的重要节点,探索建设自由贸易港区,发展离岸金融、离岸贸易和转口贸易;福建厦门提出将从聚焦自主创新、对标国际贸易通行规则、加快政府职能转变和服务"一带一路"建设角度探索打造自由贸易试验区升级版,争取建设自由贸易港;广东也提出探索建设南沙自由贸易港,打造粤港澳大湾区深度合作示范区。二是非自贸试验区的范畴,但

---

[1] 自由贸易港,浙江的机会在哪里?钱江晚报,2017-11-10. http://news.163.com/17/1110/02/D2RM08NV000187VI.html.

发展条件较好的中东部省份积极提出自由贸易港的申报,包括广西钦州、海南海口、山东青岛等,如广西自贸区正在向国家申报"广西北部湾自贸港区",致力于探索改革货物监管和发展模式;青岛正在创造条件整合优化海关特殊监管区域,推动区域海关通关一体化建设;海南海口致力于在建设全面开放的新格局和海南国际旅游岛的制度框架下,探索建设一个连接东南亚各国运输中转的自由贸易港[①]。三是申报范围逐步扩散到第三批自贸试验区中,如辽宁自贸试验区突出大连东北亚国际航运中心、国际物流中心和区域性金融中心的带动作用;四川省提出下一步将探索建设内陆自由贸易港,打造西部内陆开放高地;湖北自贸区致力于打造面向全球的先进制造中心和创新型服务中心,加快探索内陆自由贸易港建设。

纵观申报自由贸易港的区域可以看出,自由贸易港的申报范围将进一步扩大,越来越多的中西部地区也将寻找突破口切入到自由贸易港的建设过程中来,未来发展中,自由贸易港并不一定要集中于港口区域,也可能依托陆地港、航空港等在内陆地区产生。当然,这么多的区域在申报自由贸易港,从国家的层面上来讲,一定要统筹兼顾,从政策上进行统一协调,要充分考虑到港口之间的区位条件、资源禀赋的差异,因地制宜,错位化发展,各个地区在参与自由贸易港的建设中可以充分结合自身的实际,

---

① 多地研究申报自贸港 专家:海南可发展自由贸易港. 2017 – 11 – 14. https://hn. focus. cn/zixun/818004e4829d5526. html.

根据国际上自由贸易港的贸易型、物流型、综合型等，有针对性地选取适合自身的发展模式。

## （二）战略布局上：依托综合保税区打造陆上自由港

历史上，国际贸易高度依赖海洋、河流等水上运输。所以，当前大部分的自由港都位于水上港口城市。内陆地区因为没有入海口与港口，发展并形成自由港的情况较少。不过，随着交通运输方式的多样化和立体化，这种资源配置方式将会发展重大变革。尤其是，当前"丝绸之路经济带"的构建以及我国在内陆和边境地区设立的综合保税区分别为陆港自由港的打造提供了必要性和可能性。首先，丝绸之路经济带需要自由港作为陆上综合交通枢纽和综合服务平台。地跨欧亚的丝绸之路经济带，地域辽阔，基础设施互联互通是其建设的优先领域，尤其是以铁路、公路为主，航空、管道为辅的交通大通道和物流网络更是其建设的重要基础。在这些重要交通枢纽设立自由港，允许各种外国交通工具免税自由进出、装卸，允许外国货物改变运输方式和方向，允许外国货物保税仓储、加工制造、展示销售，可以最大限度地适应国际贸易自由化的要求，提高丝绸之路经济带的经济效率和整体福利。此外，这些自由港城市还可以进一步为往来的国际客商提供餐饮、娱乐、休闲、疗养、金融保险、旅游观光等综合性服务，从而带动沿线地区的经济发展和城市化。其次，我国在丝绸之路经济带省市地区设立的综合保税区则为陆港自由港的建设奠定良好的基础。综合保税区是我国在向陆地区设立的具有保税港区功能的海关特殊监管区域。和保税港区一样，综合保税区集保税区、出口加工区、保税物流区、港口的功能于一身，是我国开放层次最高、优惠政策最多、功能最齐全、手续最简化的特殊开放区域，是与自由港最为接近、最具升级潜力的区域。截至2015年11月，我国已经在丝绸之路经济带内设立了15个综合保税区（见表5–1）。其中，新疆阿拉山口综合保税区位于新亚欧陆桥经济带（西北方向）、黑龙江绥芬河综合保税区中蒙俄经济带（东北方向）、广西凭祥综合保税区位于中国—南亚—西亚经济带（西南方向）的中外交界地带，是我国打造边境自由港的重要基础；西安作为亚欧大陆桥心脏及"一带一路"的交会中心，具有交通便利、资源丰富、经济发达的优势，最有成为内陆自由港的潜力。

表5–1　　丝绸之路经济带沿线综合保税区分布情况

| 丝绸之路经济带圈定省市 | 综合保税区名称 | 类型 |
| --- | --- | --- |
| 新疆 | 喀什综合保税区 | 空港型 |
|  | 阿拉山口综合保税区 | 边境口岸型 |
|  | 乌鲁木齐综合保税区 | 综合型 |
| 重庆 | 西永综合保税区 | 产业园区型 |
| 陕西 | 西安综合保税区 | 综合型 |
|  | 西安高新综合保税区 | 产业园区型 |
| 甘肃 | 兰州新区综合保税区 | 综合型 |
| 宁夏 | 银川综合保税区 | 综合型 |
| 内蒙古 | 满洲里综合保税区 | 综合型 |
| 黑龙江 | 绥芬河综合保税区 | 边境口岸型 |

续表

| 丝绸之路经济带圈定省市 | 综合保税区名称 | 类型 |
| --- | --- | --- |
| 吉林 | 长春兴隆综合保税区 | 综合型 |
| 辽宁 | 沈阳综合保税区 | 综合型 |
| 广西 | 凭祥综合保税区 | 边境口岸型 |
| 广西 | 南宁综合保税区 | 产业园区型 |
| 云南 | 红河综合保税区 | 产业园区型 |
| 青海 | — | — |
| 西藏 | | |

资料来源：胡凤乔，李金珊．从自由港代际演化看"一带一路"倡议下的第四代自由港发展趋势［J］．社会科学家，2016（5）：95-99．

顺应打造陆港自由港的趋势，综合保税区未来将会在以下几个方面进一步推进建设。一是打造对外开放新通道。围绕多式联运体系构建的总体要求，促进陆港空港资源整合，探索"铁空联运"新模式。积极拓展海铁联运新航线，探索"全程一票制"，打造陆海互联新通道。二是推进贸易投资便利化。加快推进"一口受理"综合服务大厅建设，进一步落实"多证合一、多项联办"，促进贸易投资便利化。围绕转变对外贸易发展方式，探索跨境电商支付新通道，推进跨境电商监管创新和跨境电商集货业务发展。三是稳步推进金融创新。加快与国际金融机构对接，积极推进在跨境双向人民币资金池、跨境人民币发债、境外人民币借款、全口径跨境融资及个人经常和直投项下跨境人民币结算等方面创新实践，完善金融服务，开拓融资新模式，助力实体经济。四是推动人才自由流动。进一步简化出境入境手续，实现人员和车辆往来便利化；不断推进中国绿卡制度改革，吸引优秀外籍人才的来港工作。

### （三）功能定位上：逐步从单一型往复合型自由贸易港发展

国际上先进自由贸易港的发展经验表明，自由贸易港的发展并不是一蹴而就的，而是一个港口功能逐步完善的过程，从传统的储存、展览、拆散、改装、重新包装、整理、加工、制造等业务活动开始，自由贸易港的建设又融入了一些商业贸易功能，包括集高科技、旅游、金融、航运、公共服务于一体的综合型功能，尤其是在新时代背景下，自由贸易港的业务也将从在岸贸易、在岸金融转向离岸贸易、离岸金融。通过离岸贸易的发展，会带来货物的集聚，可以把其他国家潜在的一些贸易资源吸引过来，从而形成物流集散基地，带动物流仓储、运输、分拣、信息化等的发展，也在客观上对物流业的发展提出了更高的要求。通过离岸金融市场的发展，可以吸引更多的国际投资者，更好地促进资金的合理优化配置，有利于加快国内金融机构的国际化步伐，提高国内金融机构的整体综合竞争力。可以说，自由贸易港的发展将以港口物流为基础，逐步形成国际贸易中心、国际金融中心和国际航运中心。自由贸易港作为未来国际贸易与物流领域资源的配置中心，将在这个平台上实现全球商品链、信息链、增值链、资金链、供应链、产业链"六链合一"的模式，最大化实现资源的优化配置。

未来发展中要着力于从以下几方面促进自由贸易港往多功能、综合型的港口发展。首先，要建立完善的物流信息系统。通过物流信息系统的优化，数据信息的共享，构建仓储、配送、分拨一体化的物流系统，节省港口各个作业环节的时间，降低各个功能环节之间的衔接成本，提高港口行政管理效率。其次，进一步创新海关监管模式。充分运用大数据、云计算、互联网等方式实施精准监管，进一步简化管理手续，降低企业成本，提高效率。再次，建立完善的协调机制。积极推动海关、国检、海事等口岸监管部门实现一体化，构建完善的工作联络协调机制。通过海铁空联运的方式加强陆地港与海港之间的联系，提前完成集装箱装船前的订舱、报关、报检、签发提单等一系列手续。最后，按照功能进行管理。随着自由港功能的逐步增加，应该按照功能将其分为不同的模块，依靠信息监管来实现对自由港的高效管理。

### （四）合作模式上：出现越来越多的港口联盟的形式

当前我国港口与港口之间存在比较明显的同质化竞争，港口与港口之间的重复性建设比较明显，差异化程度较低，从而导致港口与港口之间竞相争取货源，产能过剩的状况出现。因此，如何加强港口与港口的有序整合，实现协同发展，提升运作效率是未来发展的一大趋势。这一趋势的变化也影响到了自由贸易港的发展，从国家的角度而言，在设立自由贸易港时，要充分考虑这些港口的地理区位优势、功能定位，通过协商加强彼此之间的合作，打造综合的自由贸易港群。如2009年珠海港集团牵头组建西江港口联盟，2017年5月环渤海港口联盟成立，2017年7月长江港口物流联盟成立①，联盟的成立将加快港口航运的资源要素整合，更好地服务于自由贸易港的建设。目前上海、舟山都在制定自由贸易港方案，两者地理位置相对靠近，未来在自由贸易港建设过程中可以充分考虑上海在人才、信息、金融方面的优势以及舟山在大宗商品贸易、仓储等方面的优势，加强两者的联盟，开展更多的国际航运、金融和贸易业务等的创新②。另外，粤、港、澳三地由于地理位置上的临近，也提出了未来或可以联手共建自由贸易港的想法。其次，这种港口之间的联盟还体现在我国港口与外部港口之间的联盟合作，以"一带一路"互联互通为例，自2014年以来，我国与沿线国家的港口联盟意愿不断加强，港口联盟数量不断攀升，港口合作的领域涵盖了港口开发建设、业务经营和管理、航运物流、投融资、智慧港口、绿色港口、信息技术共享人才培育与交流等众多的领域，当前我国港口积极地开展与"一带一路"沿线国家的港口合作，从而深化双方在信息、技术、市场的共享与合作，实现互惠共赢。如厦门与意大利的里雅斯特港、土耳其的伊兹密尔港均达成了友好合作意向书；上海港与以色列海法湾新港、希腊比雷艾夫斯港达成了合作协议；广州港与

---

① 国内又一港口联盟成立. 2017 – 07 – 10. http：//www.sohu.com/a/156011048_265147.

② 叶继涛. 建设舟山国际自由贸易港的思考与建议. 上海证券报, 2017 – 11 – 24. http：//opinion.hexun.com/2017 – 11 – 24/191752186.html.

西班牙塔拉戈纳港、泰国林查班港、比利时安特卫普港、马来西亚巴生港、德国汉堡港、波兰格但斯克港等签订了友好港协议。除此之外，现有的联盟还体现在垂直型港口的联盟，如港口与供应链上下游的企业或者运输职能部门之间的联盟，包括港口与航运企业的联盟、港口与铁路部门或者企业间的联盟的趋势也会随着自由贸易港的发展而不断增强。

为了促进港口联盟，未来发展中首先要进一步优化港口联盟生态圈，将更多处于供应链下游的节点企业如货代企业、商务服务企业等不同类型的利益相关者纳入到生态圈，提高港口企业的参与度，拓展港口联盟生态圈的发展空间。其次，要加强港口资源的整合，实现联盟成员的错位发展，要明确各联盟成员的航运需求和异化优势，促进港口间功能互补和错位发展，依托港口信物服务平台建设实现港口资源共享，建立高效、统一、全面覆盖的综合物流信息服务平台，提高信息传递的及时性、准确性和完整性。再次，要构建现代化集疏运体系，完善综合运输网络布局，包括完善港口基础设施建设，提升港口尤其是关键物流节点的物流服务水平及功能，推进"水、陆、空"等多种运输方式的无缝衔接，构建海铁联运、陆海联运、江海联运的现代化集疏运体系，创新多式联运形式，发挥系统内各组成部分的协同效应。最后，要创新联盟合作形式，推动合作形式多元化和运用灵活化，扩大以资本为纽带的合作形式的比例，建立完善的港口联盟的准入退出机制和利益共享机制，提高联盟稳定性。

## （五）内涵要义上：从区港联动到港产城一体化融合发展

在保税区、物流和港口进一步发展的情况下，形成了区港联动的局面，即保税区与临近的港口合作，在港区划出特定区域（不含码头泊位）作为海关特殊监管区，进一步整合保税区的政策优势和港区的区位优势，随着港口功能与港口城市功能逐渐融合，最终将实现从区港联动到港产城一体化融合发展。党的十九大提出的赋予自由贸易试验区更大改革自主权，在此基础上，探索建设自由贸易港，将有利于我国自贸区港产城一体化的融合发展。首先，通过自由贸易港的以点带面作用，优化自贸区的要素配置，促进自贸区的产业结构升级。当前，自贸区虽然是"一线放开、区内自由""先进区后报关"，但货物到港，还是要向海关申报，仍然需要进境备案清单，这意味着，人、货物、资金等要素，即便在自贸区内，也不是最高的自由；而自由贸易港则是在生态安全、经济安全都得管得住的前提下，"一线，不申报"，即，遵循"负面清单+非违规不干预"的总体原则。由于自由贸易港实行的是最先进、最宽松、最合理的体制，最大程度地释放要素流动的自由度，自然会更吸引全球货物、资本、服务等资源的汇集，实现资源的优化配置，促进产业结构的转型升级。其次，自由贸易港的建设将有利于自贸区的港城融合发展。中国经济现代化空间进程的关键模式就是以港口带动腹地。不过，当前，在中国许多地方，物流关系依然是港口和腹地之间互动的主要表现形式。第三代、第四代自由港则重视与港口城市的联动，通过陆、水、空等多种运输方式，拓展自由港功能半径，形成港口与腹地城市之间的综合性功能网络。自由、开放、高效的理念突破了物理隔离线，外溢至港口城市管理体系中，最终实现港产城的一体化融合发展。

顺应和推动自由港的"港产城一体化"趋势的关键是通过"多规合一"做好顶层设计。协调相关部门，在城市和区域规划的框架下，形成功能定位、交通、产业和空间布局等方面的一体化战略和"一张蓝图"，把空港规划、产业规划、城市规划共同涉及的内容统筹协调，做到"多规合一"，并在统一的空间信息平台上建立相应的控制体系，通过刚性控制和弹性引导相结合的手段，确保城市总体目标和"多规"行业目标的实现，通过"多规合一"引导港产城协同发展。

国内关于国际自由港的探讨方兴未艾，未来发展中需要我们有计划、分步骤、择重点地推进，明确选择自由贸易港试点的基本要求。

# 第六章
# 自由港建设的制度保障

自由港具有"境内关外"的特点,自由港是免于实施惯常的海关监督制度的一国部分领土,这意味着外国商品在自由港进出不需要复杂的海关手续和不受关税的限制。但这并不意味着自由港内不受中国法律制度的约束。因此,加强自由港的制度保障,应当加快制度创新的步伐,使相关的法律制度与自由港的建设相协调。

## 一、 自由港建设的海关制度保障

每个国家在发展和对外开放的过程中,都必然存在一个重要的保护国家经济利益和贸易安全的屏障,那就是海关限制,包括关税和进出口海关管制。这是我们在进行对外经济贸易交往过程中,保护国家利益所必不可少的。[①] 但在国际贸易的急速发展中,国际经济资源流动和国内海关限制进一步产生矛盾。这种矛盾的产生也使得一种新的经济形式应运产生,那就是在特定的区域豁免海关限制,从而进一步加强对外贸易,促进国家经济市场的繁荣。这一特定区域就包括自由港。因此自由港的产生本质上需要在某一区域实现海关限制的豁免,从而突破经济上的国家壁垒限制,适应生产国际化的客观要求,最大程度摄取国际资源来发展本国经济。[②]

### (一) 自由港的关税制度保障

自由港虽名中有"自由",却分为完全自由港和不完全自由港。这里的自由指的是贸易自由,因此贸易自由度的不同也成为区分完全自由港和不完全自由港的标准。在不完全自由港中,商品的进出往来都需要受到相关许可证管理、执照要求、出口配额、产地来源证等的限制。而且在关税豁免上,也不是税收上简单的全面豁免,有时仍需要缴纳一定的申报费、消费税、登记税。而完全自由港即使实施完全贸易自由,对进出口商品完全免税,但

---

[①②] 林圃,林泉水,李金营,陈登斯. 论自由港与自由岛 [J]. 经济问题探索, 1988 (4): 3-14.

## 第六章 自由港建设的制度保障

不意味着对所有进出口商品都免除关税外的一切贸易管制。因此自由港具有"免关税""自由贸易"和"通行自由"的功能都来源于其特殊的海关管理与关税体系。因此可以说,如果没有合理的关税制度与海关管理保障,自由港就失去特殊意义。

自由港的核心优势在于减免甚至零关税,因此如果要保证实际在我国关境之内的自由港实现特殊的进口税率,必须对自由港进行关税制度改革。但如果突然全部取消关税,一次性地实行自由港关税税收优惠的最大化,怕是会对自由港区域的经济产生较大冲击。那如何保证自由港关税制度建设构成与实行最优化,可以从自由港漫长的发展轨迹总结出两个事实:第一,不可能一蹴而就的就地建设出一个较完整成熟的自由港。它的发展一定会经历一段漫长的成长过程,人们也不可能完全根据他国或者本国其他区域已建成的自由港的经验再复制成功一个新的自由港。自由港的模式不是一成不变的,它总是随着实际情况而调整而变动;第二,自由港的发展变化具有较大随机性,需要根据实际情况作出具体调整。这就要求自由港制度建设中需要坚持灵活且富有弹性的决策,根据具体时机及时调整自由港建设模式,不能刻板的追求一成不变。因此,应该根据产品的实际情况,逐步下调关税,最终实现自由港贸易"零关税"的终极目标。

由于进口税率并不是"一刀切",而是根据产品种类的不同来确定的。因此,调整自由港区内的关税税率,也应该根据进口商品的不同,考虑实际情况来进行调整,具体来说可以存在以下三种考虑因素。

第一，国际竞争力。进口商品与自由港本地产品的国际竞争力进行对比是为了防止突发性的进口增加。例如，某一自由港的农产品主要依赖内陆进口，即自由港本地农产品的竞争力较弱。这时如果对此自由港进出的农产品进行零关税处理，很容易导致国外农产品通过自由港区域大量销往当地甚至冲击到非自由港正常的农产品市场。因此就需要制定适宜的关税税率，即坚持优惠的关税制度，又不至于产生大量倾销的后果。如何根据自由港本地产品的国际竞争力来调整具体商品的进口关税税率，确实是一项富有难度的任务。但必须意识到由于每个自由港区域经济发展的特殊性，根据全国情况制定的统一关税调整，可能不一定符合自由港的具体情况，因此根据自由港本地产品的国际竞争力来调整具体商品的进口关税税率，也是一项非常重要的任务。

第二，价格差距。进口产品到岸价与自由港当地市场价格的差距也是值得考虑的因素。进口产品到岸价分为两类，一类是含税到岸价，即货物到达目的港时包含关税、增值税等税额成本之后的价格；另一类是不含税到岸价，即货物到达目的港时不含税额成本的价格。由于这里我们讨论的是具有特殊关税制度的自由港的商品价格，因此应该考虑不含税到岸价更加直观。如果本土市场的价格与进口产品到岸价差距过大，那么在实行关税政策调整时就需要比较谨慎，在商品进出管理上也应该更加重视。

第三，消费需求。随着世界经济交往越发频繁，国内消费者对于国外产品的了解也比以往更多，因此在化妆品、名牌包、婴幼儿产品方面国内消费者对于海外商品有着较强的消费需求。在调整自由港产品关税时,也应该考虑消费者对于"舶来品"的偏好程度和需求能力,恰当确定产品的进口关税税率,从而避免对国内正常消费市场产生剧烈冲击。①

根据以上考虑因素,可以总结出如果要逐步实现某一港口的自由港制度建设,在商品关税制度调整改革上应该坚持以下思路。

首先,具有较强国际竞争力的产品可以考虑基本上免除关税。例如假设将我国福建省的厦门港建设成自由港,则厦门传统的出口商品——食品罐头类商品可以考虑放松自由港的关税限制。因为既然厦门本土的食品罐头类产品能够打进国际市场,具有较强的国际竞争力,则说明在本土市场上也不易被海外类似产品所剧烈冲击。因此可以尝试一步到位取消这些产品在自由港进口的关税,使自由港关税制度的优势充分发挥。

其次,对于出口量不大,主要针对本地或者国内销售的产品,应视具体情况确定关税税率。假如原有产品的进口关税就较低,出口数量也不多,就可以尝试直接免除这部分产品的进出口关税。但如果原有产品就被征收较高的进口关税税率从而进行贸易保护的,如果突然完全放开关税,可能产生倾销现象,因此可以考虑分阶段逐步下调关税。

最后,进口产品到岸价与自由港当地市场价格的差距过大,或者相关产业已被定为当地重点发展的产业时,对于该产业的相

---

① 詹其柽. 试谈厦门自由港的关税模式 [J]. 福建论坛(经济社会版), 1988 (5): 26-29.

关产品的关税调整也需要谨慎，应该根据实际情况确定具体关税。不过为了实现自由港的功能地位，最终仍需将这些产业的商品在自由港的关税调低，直至"零关税"。不能将"贸易保护"作为对抗"自由港"政策的借口。

因此在自由港建设的关税制度保障中，需要重视不同自由港区域内的不同产业商品的关税改革。虽然自由港进出产品需要在总体上基本免税的关税迈进，但在实际建设自由港的过程中，还是需要根据自由港本地情况，不同行业发展情况等，有快有慢地推进关税制度改革。同时，在自由港整体关税税率下调的趋势之中，也不应该排斥有些行业或者产品的税率提高的可能性，但需要严格审查上调的理由和幅度。因此结合实际情况且富有弹性的关税制度应该是自由港建设过程中的重要保障。

## （二）自由港的海关管理制度保障

在自由港建设的海关制度管理上，必须重视以下三个问题。

第一，如何处理好自由港发展与保护本土民族产业两者之间的关系。自由港的发展在一定程度上，放宽甚至取消了保护本土产业发展的海关限制。因此，如何将这一影响控制在可接受的范围需要科学的海关管理制度。

第二，如何保持自由港经济活动的稳定性。自由港的开放程度比非自由港区域高得多，因此在包括人员、货物往来方面上的限制也比较低。如何保证自由港经济活动的长期稳定性，需要海关施以得力的措施。

第三，如何有效防止走私行为。自由港最大的优势——关税减免，将使得走私分子有机可乘。因此如何避免将自由港变成走私泛滥的区域就需要严格有效的海关监管。

因此可以尝试从以下方面构建并完善相应的海关管理制度，从而保障自由港的顺利建设与运营。

首先，"限"。严格限制自由港内外的商品流通，必须在自由港设置二道海关，防止自由港内的免税商品不经允许进入非自由港区域，造成其他区域的经营混乱。自由港区内的商品应该免征关税，但经自由港进口到内地的商品，仍应该要按照我国统一的税率征收关税。因为如果没有严格的海关管辖，容易滋生走私或偷税漏税的风险。

其次，"疏"。虽然自由港应该设置严格的二道海关，保障自由港内外商品不得随意进出。但是，严格不代表封闭。自由港贸易不可能在切断与其他区域的联系的情况下发展，因此必须保留畅通的进出通道。特别是人员来往是经济联系的基础，海关需要给予规范的管理。对于自由港，由于具有免税的特殊税收优惠，因此一定会吸引一些有购物需求的旅客进出。既然存在人员的流动，就有可能出现旅客利用自由港与其他区域关税的差异而将自由港的商品带入非自由港区内私下倒卖，影响非自由港区正常的商品交易市场。因此在既不能完全不允许旅客等非工作人员进出自由港，也不能不对其购买商品的行为做出限制，需要对每人每次进出自由港所购买的商品价值做出限制，保障自由港的正常运营。

再次,"管"。作为自由港关税制度的执行者,海关的管理能力需要得到提升。自由港的海关要意识到自己不仅是我国关税制度在自由港落实的执行者,也是自由港具体关税政策的决策者。这就要求海关需要全面准确地把握自由港的实际经济发展状况,审时度势,适当调整自由港的税制安排。同时在管理商品和人员进出时,需要实行关口检查、岸上管理和海上监察,把自由港税收优惠所带来的走私行为的可能性降到最低。并重视处理自由港区域内外的经济往来的效力,建立起沟通自由港与内地正常联系的纽带。因此可以说,自由港的根本保证就在于重视海关的管理职责,落实自由港的一系列政策的同时,改革海关的体制职能,提高自由港海关管理的效率。

最后,"联"。按照"一线放开、二线管住、区内自由、入港退(保)税"的监管原则,实现全区域封闭化、信息化、集约化的管理。[①] 另外可以将自由港区内的工商、税务、金融、外汇、海关等多项经济管理事务,由统一综合性部门监督,提高海关、质检、税务等部门的有效协调效率,降低监管成本,构建出新型的科学化联动机制。例如,海关监管上可以尝试将自由港内与港外的商品流动实行备案制,提高货物流通效率。另外,海关与税务部门可以进行联网管理,对进出港的商品进行账册管理,并对企业进行核账征稽。

---

[①] 马晓燕. 内陆自由港发展模式研究——重庆例证 [J]. 改革与战略, 2011 (1): 107–110.

自由港作为一种形式的经济特区，终究还是属于国家的一个组成部分。所以不管自由港本身采取什么样的经济制度，都需要在所在国家的社会制度的大框架之下。因此自由港的"自由"并不是绝对的，也不是没有限制的，虽然它确实是属于海关限制较大程度的豁免，但也不意味完全不受限制。因此在自由港建设上，合理的关税制度与海关的监管仍然十分重要，这可以保证自由港正常稳定的运营。

## 二、自由港的金融法制保障

### （一）金融法制保障的基本原则

**1. 基于贸易原则**

自由港的金融法律虽然允许有金融自由，但其无法脱离港区的经济而单独发展，金融自由化应当为贸易发展提供最大化支持，自由港的个体经济发展才是自由港创新的源泉。在金融创新发展时，需要根据当地的经济贸易发展水平的需要，将融资、投资条件最大化地融入贸易之中，获得更多的资金支持，促进港区经济的发展。

**2. 结合国家政策原则**

自由港金融创新和发展虽然有一定的自主性，但是却不能脱离了国家政策而单独体现国家的意愿。自由港法制建设应遵循国家对于金融改革的总体方向，不仅关系到自由港整体发展，也能够通过自由港的金融发展来带动国家金融的稳步提升。一旦自由港金融创新脱离了国家的金融政策，那么便会在一定程度上扰乱了国家的发展，同时也会影响到自由港金融创新的效果。

### 3. 合理介入金融风险原则

在金融行业中，有很多类型的隐藏风险，每一种风险的发生都会直接或间接地影响金融创新的成果。一方面，确有必要对自由港的金融市场进行监管；另一方面，基于自由港金融的自由化程度较高，如果介入过深，则会导致市场的低效率。因此，对于自由港的金融风险的监管需要谨慎进行。

## （二）金融法制保障制度的主要内容

### 1. 推动自由港金融自由化改革

（1）制定相对宽松的市场准入制度。金融国际化、自由化是自由港推行金融创新的方向，因此有必要在金融创新领域制定宽松的市场准入制度，减少政府干预，发挥市场在金融领域资源配置中的决定性作用。

在市场准入主体方面，应逐步扩大市场主体范围。出于对维护金融秩序稳定的需要，有必要对进入金融市场的主体加以限制，但这一做法是以牺牲市场的部分活力和效率为代价。事实上，放宽市场准入主体的程度大小与否尤其体现在对于外资的进入上。各国对外资的市场准入普遍实行国民待遇原则，国籍不再是决定差别待遇的条件，即使像美国这样对外资持开放态度的国家，也不可能在外资进入的各个阶段都给予国民待遇，但是在设立阶段给予国民待遇的法律却不少见。除了国民待遇外，海外、尤其是发达国家，常用负面清单作为针对外资的管理措施。负面清单是指凡是针对外资的与国民待遇、最惠国待遇不符的管理措施，均以清单方式列明，负面清单实际上是原则的例外，遵循"法无禁止即自由"的解释逻辑。对于负面清单的具体内容，首先应尽量明确具体限制的条件，其次应根据我国自身的需要和其他国家的经验缩减清单内容，扩大开放度。

在市场准入程序方面，鉴于自由港金融自由化的趋势，可以逐步将准入方式由审批制改为备案制，简化审批流程，提高备案效率。市场准入的备案制可以参考中国人民银行上海总部印发的《关于上海市支付机构开展跨境人民币支付业务的实施意见》的相关规定，业务的申请无须历经外汇管理分局的审核和出具正式书面文件，只要在开展相关业务之日起7日内将申请材料提交至外汇管理局分局进行备案即可。

（2）完善金融市场退出制度。我国现行的金融机构市场退出机制主要是依据《中华人民共和国企业破产法》第134条，此外还有《中华人民共和国商业银行法》《中华人民共和国证券法》《中华人民共和国保险法》等相关的法律法规，可以看出，我国现行关于金融机构退出的法规还比较简单、分散，无法有效应对金融自由化条件下的金融机构破产。对于金融机构中特有的相关问题，如破产重整程序、最后贷款人等内容未能提供详细可操作的规范，从而导致在实践中缺乏法律应有的公平，也不利于保障其他金融主体的权益。而对于在自由港内的金融机构退出，法律目前还是一片空白。由于自由港内金融全球化，金融机构破产往往会涉及不同的国家和地区的法律，使得金融机构的破产问题更为复杂。对此，可参考国际上出台的对金融机构的处理办法，包括对机构的救助、重整以及退出措施，制定专门针对自由港区内的金融机构退出的处置办法。

### 2. 完善自由港监管体制

（1）制定和完善相关的法律法规。针对自由港金融的开放和自由化，要实现对自由港的有效监管，需要中央和地方积极制定专门针对自由港金融监管方面的法律法规，以营造良好的金融法治环境。

制定专门针对自由港金融监管方面的法律法规，能够提高金融监管的法律层级，为自由港的金融改革提供制度保障。在制定过程中，应当明确金融监管的底线，实行弹性监管。监管内容应包含：明确的监管理念；确立独立的监管机构并赋予其相应职责；基本的监管制度；纠纷协调解决机制。

作为创新的试验区，有部分法律与自由港的金融制度是不相适应的，因此在制定自由港金融监管法律法规的同时，应当对有关的金融法律法规进行清理和修订，构建起自由港金融开放和金融创新趋势的监管制度。

具体关于自由港金融创新规则的制定，应当根据金融创新的内容和方向，吸引地方金融机构和金融消费者的参与，制定相应的具体规则。如细化融资租赁公司经营的商业保理业务规则，完善人民币跨境使用业务规则等。

（2）建立中央与地方的双层监管体制。在"财政分权与金融集中"模式下，我国中央政府与地方政府在金融领域博弈从未停止。被划为自由港的区域往往经济都较为发达，金融创新给当地金融业带来利益的同时也伴随着金融风险。仅仅依靠中央金融管理部门，有时难以全面掌握地方情况，及时地规避风险，必须要充分发挥地方政府的监管职责，中央有必要适度放权，与地方协调配合，构建中央与地方有机结合的双层金融监管体制。党的十八届三中全会的决定指出，要落实金融监管改革措施，界定中央和地方的金融监管职责和风险处置责任。这既表明了垂直管理型的金融监管体制存在缺陷，又指明了克服该缺陷的路径是构建中央与地方相结合的双层金融监管体制。鉴于自由港金融的特殊性，中央对自由港金融事项应实行宏观监管，仅把握自由港金融发展的大方向及其与我国其他地区的金融发展的关系，微观金融监管的职责则应下放权限于地方，由地方对金融事项进行管理。

（3）建立健全金融监管协调机制。我国尽管在2000年就建立了中国人民银行、证监会和保监会三方联席会议制度，2003年通过的《银行业监管管理办法》和修订后的《中国人民银行法》对监管机构之间的协调作了原则性规定,但是缺乏法律层面的支持,加上分业监管的历史原因,我国各监管部门基本上是实行分业监管模式。然而,在自由港区域内,金融行业的混业经营是一个必然的趋势,如果采取分业监管的框架模式对金融机构进行监管,必然难以有效协调金融机构和监管单位之间的关系。因此可以基于现有的金融监管协调联席会议,由中国人民银行牵头建立联席会议,会同其他部门,对自由港内金融机构行使监督职能。该联席会议还应当得到国务院的授权,制定《自由港金融监管条例》,明确其监督职责,区别于中央一级,配备专门人员对自由港内的证券、银行、保险等金融机构进行审慎监管,现行的监管机构无权插手专门人员的职责行使。

(4) 完善风险防范机制。对自由港金融风险事前防范预警,参考新加坡港的经验,建立公共风险评估框架,同时考虑到自由港实行人民币利率市场化、人民币自由汇兑的条件下,为了防范自由港内资金跨境流动风险,需要建立金融市场信息披露制度,合理调整金融机构信息披露的频度,完善信息披露量化指标体系,提高市场的交易透明度。对于机构信息披露的规则,应当以文件的形式做出规定,以供参考。

鉴于自由港境内关外的特点,自由港实行的是与我国其他地区不同的金融制度,会产生利益差、汇率差,如果不在自由港与我国其他地区设置资本流动隔离机制,那么自由港的金融变化便会波及全国,自由港的先行先试也就没有意义。应当建立与自由港相适应的外汇管理体制,采取分账户管理模式,体现"一线放开，二线管住"的原则，在自由港，汇率利率兑换以境外市场规则办理，体现与国际接轨的货币兑换自由，自由港与区外其他地区之间的资金往来则要受到一定的限制，该限制可视改革创新实践的深入而动态变化，以稳定我国金融市场的稳定。

## 三、自由港的知识产权制度保障

伴随着国际贸易的交流更加开放频繁以及我国自贸区建设取得初步成果，自由港建设的重要性日益凸显。但是由于自由港存在"境内关外"的特点，导致其在知识产权审批、执法、司法等方面十分复杂，因此，必须加强自由港知识产权问题研究，从而为自由港的建设提供制度保障。

### （一）行政保障

**1. 设立综合服务机构，建立备案登记制**

我国知识产权中的专利权、商标权和著作权分属三个不同的行政管理机构管辖，自由贸易港最大的一个特征就是，在货物交易方面，其要求快速、便捷。根据我国的《专利法》《商标法》，我国的知识产权保护专利、商标根据登记制，只有向其行政机构进行申请登记、审核才可能在中国获得保护。如果每个进港的货物，根据其保护目的分别到三个机构登记，这样会导致效率低下，整个港口的流动性就会降低，这显然是与自由港的目的相悖。经济发展较好的国家或者地区在自由港的发展上较为完善成熟，在长期不断的贸易往来实践中，能够具备较为完善的自由港知识产权保护的制度与相关的执行措施。

例如，美国海关在自由港的知识产权保护的根据是备案制，主要根据商标、专利以及版权的分类按照不同的备案程序，采取不同的备案标准。商标的主体只能以书面的形式向美国知识产权维权中心提交申请书。该机构会根据美国对商标保护的相关法律，对是否符合美国知识产权保护备案的标准进行审查，一旦符合标准，就会进行备案。只要在美国完成备案，该商标就会获得该国的知识产权保护，保护的期限为20年，从备案之日起算，而且可以在期限届满时申请延长，延长的机关为美国专门的专利或商标部门。已经在相关知识产权机构备案完成的商标或者商号的信息可在海关的系统中共享，货物在自由港出入时，海关可以直接在系统查询相关知识产权信息，程序简便。美国版权局进行登记，就可以到海关进行备案，备案后的著作权即获得美国法律的保护。保护的期限也是20年。如果著作权的保护日期低于20年，则以著作权的保护日期为准。专利权的保护则采取与商标版权不同的方式，不需要办理相关备案登记手续。

虽然，美国对商标、专利以及版权等知识产权备案采取不同的标准以及程序，但是在知识产权的保护程序上却十分简便，甚至在有的情况下申请备案时，当事人可以书面方式也可以口头的方式递交申请书，而且保护期限较长，期限届满也无须递交延长期限的书面材料，只要口头提出就可获得保护，效率很高。

自由港对时间上的限制，要求在行政审批的流程上应尽量精简，能够做到多证合一，通关快速。我国这种分散管辖的登记模式显然已经不能满足自由港的需要。对此，我国可以采取以下两种方式：一，出台针对自由港知识产权保护条例。借鉴美国的做法，对于自由港的货物采取备案制，但要求提前在我国进行备案。备案后，海关则可以在系统查询，这备案可能会导致某些侵权产品也会进行备案，因此，需要提供简单的权利证明。二，设立综合行政机构。依据我国现行知识产权有关法律、司法解释等，可以考虑在自由港内设立专门处理自由港知识产权事务的知识产权管理中心，统一完成对知识产权事务的行政管理，下设专利中心、商标中心和著作权中心，分别管理各自领域的知识产权保护问题，审批过程在自由港也要比其他地域简便，才能体现自由港的特征。[①]

### 2. 明确海关执法权

自由港有着"境内关外"的特点，产品侵权的情况有两种：一是，出入境的货物侵权；二是，在自由港内中转的货物侵权。在自由港内发现侵犯知识产权的产品时，对侵权货物执法，需要注意的问题：第一，虽然在《跨太平洋伙伴关系协议》（Trans-Pa-

---

① 杜颖．中国（上海）自由贸易试验区知识产权保护的构想［J］．法学，2014（1）：40．

cific Partnership Agreement，TPP）和《反假冒贸易协议》（Anti-Counterfeiting Trade Agreement，ACTA）的谈判过程中，有的欧美国家大力推行要求需要对过境的货物实施比较严格的知识产权监管，然而，按照目前的形式来看，在有关的国际条约或者相关的文件中关于海关对过境的货物是否享有强制执行权仍未明确，海关对过境货物是否具有执法权还有待商榷。与此同时，在《京都公约》和《与贸易有关的知识产权协议》（Agreement on Trade-Related Aspects of Intellectual Property Right，TRIPS）中也未明确规定各国对过境的货物必须采取相应的边境措施。第二，在我国相关的法律中，关于海关对过境的货物实行保护规定得很模糊甚至是没有，根据《中华人民共和国知识产权海关保护条例》第2条之规定海关仅对与进出口有关的货物实施知识产权保护，海关对在港内中转的货物的知识产权问题是否实行监管，在实践中仍是一个空白点，但也是自由港知识产权保护的一个重点。第三，对过境货物实施知识产权边境措施的法律适用问题是一个较为复杂的问题。因为在法律适用时会涉及出口国、目的国和过境国，但是无论适用哪一国的法律，都可能会面临与知识产权的地域性原则相冲突的问题。

在自由港内处理侵权产品行政执法问题：首先，在法律上，要明确海关在自由港的执法权。中国香港的自由港享誉国际，在中国香港境内，海关具有打击各种知识产权违法活动的权力。为了履行国际知识产权保护义务和打造一流的国际知识产权保护水准，香港专门设立针对处理进出口货物知识产权侵权的机构，除

## 第六章 自由港建设的制度保障

此之外，因为盗版假冒以及违禁物品在进出口的问题十分突出，香港为此增加了更多的执法人员，严守港口关卡，仔细检查，防止有漏网之鱼的情况发生。香港海关更显著的特点在于，其不仅仅在港口边境执法，只要在香港的领土范围内，享有同样的执法权，相比其他国家或者地区的海关，中国香港海关拥有执法领域范畴更远的权力。有的学者认为，在自由港内的过境货物不能当然等同于进出口货物，对于自由港内过境货物的知识产权执法，仍然要坚持知识产权保护的地域性。因此，即使自由港具有"境内关外"的特点，但为了维护港口稳定，保护权利人的利益，保证贸易往来的便捷，要明确海关在自由港的执法权。

其次，在自由港发现侵犯知识产权货物时，海关该如何进行调查？美国海关在自由港认定进口货物是否具有侵权的事实，一般采取推定的方式，以调查为辅。当海关在审查相关货物的所有人或者持有人不能提出证明自己货物来源合法或者合法持有的情况下，就推定对方侵权事实成立。与知识产权备案登记一样，不同的事实认定的方法也有所区别，但调查程序同样简便，就是采用推定的方式，将证明货物来源合法或者合法持有事实的举证分配给货物的所有人或持有人，大大提升海关的效率。我国可以借鉴美国的做法，因为美国将举证责任分配给货物的所有人或持有人的方式更显高效。一旦有人存在初步证据反映货物侵权，经海关初步核实，应立即通知货物所有人，由货物所有人提出自己不存在知识产权侵权的证据，否则海关可以采取保全措施，暂时扣押这批货物。需要注意的是，并不是一旦发现存在侵犯知识产权事实的货物，我国的海关都需要监管，对在自由港过境的货物也要进行一定的区分。当依据货物的目的港的相关法律其属于侵权的物品时，我国海关才需对其采取行政执法措施。如果货物只是在我国的自由港临时过境，例如转运、存储或者简单的加工，并不进入我国关内，未侵犯我国知识产权或相关国际条约及文件，也不存在侵犯目的港法律的事实，就没有必要对其采取执法措施。[①]

最后，国家有必要制定海关在自由港的各项事务的法律法规或者对《中华人民共和国知识产权海关保护条例》进行修改，以增加自由港的相关规定。

### （二）司法保障

在自由港内，一旦发生知识产权纠纷，海关初步的审查解决不了，一般情况下需要法院来解决纠纷，司法保护是自由港内知识产权保护的最后一道防线，司法保护制度是自由港知识产权保护必不可少的一部分。对于处理自由港知识产权案件的司法部门主要有两种方式。

**1. 由自由港法庭管辖知识产权纠纷案件的审理**

我国在建设自贸区时，有的地区为了发展自贸区，方便处

---

① 张伟君. 自贸试验区怎么保护知识产权 [N]. 东方早报，2013-11-12.

在自贸区发生的纠纷,特别设立了自贸区法庭,法院的受案范围就包括知识产权案件。但是,仅限于与民事有关的知识产权案件,并不受理刑事案件,仍由普通法院管辖。可以在此基础上,建立自由港法庭,由该法庭处理知识产权纠纷案件。

**2. 设立专门的自由港知识产权法院或者知识产权法院自由港派出法庭**

(1)专门的自由港知识产权法院。顾名思义其是只处理自由港内知识产权纠纷,只要是在自由港发生的知识产权纠纷,该法院就有权管辖。设立专门的知识产权法院就意味着刑事、行政以及民事的知识产权案件该庭都要管,这就产生几个问题。一是,设立专门的知识产权法院成本会比较高,在自由港模式还未成熟的状态下,是否有必要专门设立专门法院,是否会浪费司法资源。二是,设立专门的知识产权法庭需要考虑将知产权民事、行政和刑事案件统一纳入到知识产权法院的管辖之下,而这样处理自由港知识产权"三审合一"的方式该怎么做,我国还在在初期阶段甚至是在摸索阶段。

(2)知识产权法院自由港派出庭。我国的知识产权法院是《中共中央关于全面深化改革若干重大问题的决定》中提出的为了加强知识产权运用和保护,健全技术创新激励机制而设立,在北京、上海、广州分别设立了知识产权法院。自由港一般设立在港口区域,而我国的知识产权法院大多靠近沿海港口,一旦在自由港发生纠纷,由靠近自由港的只是法院设立派出法庭处理更为简便，而且知识产权法院处理知识产权案件经验更为成熟，同时也可以处理刑事、行政以及民事的案件。

按照目前自由港探索的进程，在处理自由港知识产权案件时，设立专门的知识产权法院是不可行的，而比较可行的是由自由港法庭或者知识产权法院的派出法庭，诉讼便利，减轻讼累，提高司法效率。① 无论是哪种方式，因自由港的特殊性，都需要考虑到在处理自由港知识产权纠纷是否可以推行争端发生前的预防措施；是否将协商列入争端解决前置程序；法院在处理案件的过程中，是否可以更多地强化诉讼中的调解工作，是否可以多采用简易程序，是否可以在判决时多考虑判决的规则指引功能。因此有必要出台一部在自由港适用的司法解释。

### （三）公共保障

自由港的开放性很高，知识产权的内容又比较复杂，自由港发展成熟的国家如美国的知识产权公共服务体系包括了国家技术信息中心、大学产业合作研究中心、高科技园区与孵化器、国家技术转移网络和国家实验室技术转移联合体等。② 随着自由港的建立、逐步开放市场以及知识产权业务的增加，自由港可设立专门提供知识产权服务的公共平台。一方面可供提前了解，查询在自

---

① 杜颖. 中国（上海）自由贸易试验区知识产权保护的构想 [J]. 法学，2014，(1): 41.
② 吴离离. 浅析我国知识产权公共服务体系的构建 [J]. 知识产权，2011(6).

由港知识产权相关手续以及咨询服务；另一方面，也是一个向其他国家展示中国知识产权水平的平台。

建设自由港是新时代下我国建设开放型经济体制的一项重要举措，我国的自由港建设正处于起步阶段，对于制度设定存在广泛自主的设计空间。我们应该综合考量我国国情，同时借鉴其他国家以及地区的成功经验，建立起一套完备的、可操作性强的自由港知识产权制度体系，从而为自由港的建以及知识产权保护设提供制度保障。

## 四、自由港的环境保护法律制度创新

自由港频繁的商品贸易将给环境保护工作带来新的挑战。在不能牺牲环境为代价发展经济这一基本理念的指引下，自由港建设应当把环境保护工作视为其总体工作布局的重要组成部分，并主动地加大环境保护工作的制度创新力度，从而实现又快又好的良性发展。

### （一）建设自由港将给环境保护带来新的挑战

建设自由港，意味着更大程度的开放，意味着该区域内的贸易量将大大增加，这必然给区域内的环境保护带来了新的问题和挑战。

# 中国自由贸易港探索与启航——全面开放新格局下的新坐标
Exploration and Sail on China's Free Trade Port: New Coordinate under The New Ground in Pursuing Opening Up on All Fronts

第一，人口数量的增多带来的环境负荷问题。随着自由港的建设进程不断加快，商品贸易更为自由与便利，人员往来将更为频繁。人员的剧增无疑将增加生态环境的负荷。有数据显示，平均每日每人会产生的垃圾量约1.2公斤①。由此可见，随着人口的密集度日益增加，如何处理好日益增多的垃圾应当引起相关部门的高度重视。提升垃圾处理能力和质量，应当着力解决好生活垃圾总量增多与处理能力暂时不足之间的矛盾，推动垃圾分类处理工作的水平与自由港的发展进度相适应。

第二，交通运输量的增加带来的环境负荷问题。自由港的建设将大大刺激商品贸易，增加商品交易量，商品的进出需要依赖快捷的交通枢纽。可以预见，自由港的建设将给当地的交通运输业带来新的春天。但与此同时，不断增加的尾气排放将给大气环境质量带来不小的难题，尤其是目前大量的货物运输车辆、船舶、飞机还在使用柴油的情形之下，运输量的增加将导致柴油机尾气排放的急剧增加，由此带来大量的空气污染物。有专家指出，柴油机尾气主要以颗粒状存在，比起小汽车的尾气排放而言，柴油机尾气对空气质量的危害更大，是"被忽视的雾霾元凶"②。

第三，企业数量的增加将给国土空间利用带来新的难题。自

---

① 杭州每人每天"生产"垃圾1.2公斤 [EB/OL]. 杭州网, http://hznews.hangzhou.com.cn/chengshi/content/2013-05/21/content_4743760.htm, 发布时间: 2013年5月21日, 访问时间: 2017年11月15日。

② 多位专家探析雾霾成因 柴油尾气污染不该被遗忘 [EB/OL]. 中国环保在线, http://www.hbzhan.com/news/detail/114730.html, 发布时间: 2017年2月9日, 访问时间: 2017年11月20日。

由港比自贸试验区有更大的开放度,其"境内关外"的特点将对企业产生巨大的吸引力。上海自贸试验区成立至 2016 年 4 月底,累计新设企业 3.5 万家,其中新设外资企业超过 5500 家。① 不难想象,将自贸试验区升级为自由港之后,经济活力将更强,港区内的企业数量也将不断增加。这就需要对自由港区的国土空间利用进行更为合理的规划,对港区内新增企业可能带来的环境负荷进行一个科学的评估,通过完善相关的环境影响评价制度严控污染企业的入驻。

## (二) 建设自由港对环境保护工作的新要求

### 1. 加强国土空间开发利用规划

在自由港区内,要大力加强主体功能区划工作,要结合不同区域的环境承载能力,对国土空间的开发利用进行合理的区分,明确重点开发的区域、优化开发的区域、限制开发的区域和禁止开发的区域。通过科学合理的规划,促进产业的布局优化和转型升级,实现生产空间、生活空间和生产空间的最优分配。应当看到,这一目标绝非一朝一夕就能实现,应当加强国土空间开发整体格局的规划。近年来,中央颁布的关于生态文明建设的政策文

---

① 上海自贸试验区三年来新设外资企业占比升至 20% [EB/OL]. 商务部官方网站, http://www.mofcom.gov.cn/article/resume/n/201607/20160701357365.shtml, 发布时间:2016 年 7 月 12 日, 访问时间:2017 年 11 月 20 日。

件已经注意到这一突出的制度性难题①，并试图从生态文明制度建设的总体布局入手，加强国土空间开发制度。

**2. 增加环境保护与污染治理的财政投入**

自贸试验区升级为自由港区之后，其所面临的环境保护压力将进一步加大，环境治理的难度将越来越大，对环境保护工作的要求也将更高。这就需要政府不断加大生态环境保护方面的财政投入。一是，财政要大力支持节能环保产业，促进企业转型升级。通过激励性措施鼓励企业主动淘汰落后的设备，引导高风险高污染企业主动加快产业转型升级步伐。二是，通过财政支持市政环保工程建设，在园林绿化、环境监理、园林古建筑等方面加大财政支持力度，不断提升城市森林覆盖率。三是，通过财政支持河湖治理，落实河长制，健全湖长制，着力实施湿地恢复工程，建设国家公园，打造宜居宜业的良好生态环境，为公众提供最优质的环境公共产品。

**3. 加强环境保护监管体制改革**

自贸试验区升级为自由港区之后，要积极探索环境保护监管体制机制创新。环境监管只能加强，不能削弱，尤其是要加快环

---

① 比如，《生态文明体制改革总体方案》明确提出了"构建以空间规划为基础、以用途管制为主要手段的国土空间开发保护制度，着力解决因无序开发、过度开发、分散开发导致的优质耕地和生态空间占用过多、生态破坏、环境污染等问题"的目标。参见：参见：中共中央、国务院印发《生态文明体制改革总体方案》[EB/OL]. http：//news.xinhuanet.com/politics/2015－09/21/c_1116632159.htm，2015－09－21/2016－05－05.

境垂直管理体制改革步伐,实现环境保护地有效监管。促进环境垂直管理体制改革,不能只注重机构的拆分,其核心是要明晰环境垂直监管后环保部门的人、财、物的管理权限,明确环境保护垂直监管之后相关部门的职责与定位。要着力避免因机构重组而出现监管的真空地带,更要避免在体制机制改革过程中因推诿责任而出现环境监管的断档。

## (三) 建设自由港的环境保护制度完善方向

### 1. 主体空间开发与规划制度

自由港应当建设绿色发展的理念,将发展建立在人与自然和谐共生的基础之上。在国土空间开发上,要从顶层设计上实现最优的空间布局。一方面,要将国土空间开发利用规划、环境保护规划和城乡建设与发展规划等有机统一起来,实现"一座城市、一张蓝图",实现真正意义上的"多规合一",避免不同规划之间的相互冲突或者相互制约;另一方面,要明确实现"多规合一"的具体操作路径。实现"多规合一"不能成为一句口号,而应当通过切实有效的工作机制推动其真正落地。比如,厦门市政府发布了多规合一业务协同平台运行规则,通过构建多规合一协同平台并明确规定相关的运行规则,把这项工作制度化、规范化。[1]

---

[1] 参见《厦门市人民政府关于印发多规合一业务协同平台运行规则的通知》。

### 2. 建立严格的环境标准制度

科学合理的环境标准制度，既能促进环境保护与经济社会发展相协调，又能维护好公众生产生活所需要的良好环境。一方面，要鼓励开展环境基准的研究。环境标准的内容合理与否，关键在于环境基准值确定的是否科学。当前，既要做好环境基准的基础性研究工作，又要充分利用不断创新的科学研究成果，针对环境污染防治中的突出问题开展与时俱进的专项研究工作，不断提升环境基准的准确性。[①] 另一方面，要主动对标国际高标准。比如，在 TPP 协议中的环境保护章节中，对 TPP 成员国贸易往来中环境保护的标准进行了非常严格的规定，要求高度关注因贸易而产生的环境问题，中国虽未加入 TPP，但自由港与 TPP 成员国必将产生频繁的贸易往来，对接国际贸易协定中的环境标准严要求势在必行。[②] 因此，自由港要制定严于国家环境标准的地方环境标准[③]，施行更为严格的环境保护。

### 3. 完善环境治理市场机制

自贸试验区升级为自由港之后，市场化程度将更高，这对自

---

[①] 施志源. 环境标准的现实困境及其制度完善——基于生态文明制度体系建设的视角 [J]. 中国特色社会主义研究，2016（1）：96.

[②] 施志源，曾俊芳，陈梦茜. 应对 TPP 环境保护条款的自贸试验区制度创新 [J]. 福建师范大学学报，2016（3）：9-10.

[③] 制定严于国家标准的地方环境标准，是《环境保护法》提倡和鼓励的。《环境保护法》第十五条第二款规定："省、自治区、直辖市人民政府对国家环境质量标准中未作规定的项目，可以制定地方环境质量标准；对国家环境质量标准中已作规定的项目，可以制定严于国家环境质量标准的地方环境质量标准。"

由港环境治理的市场化机制提出了新的要求。一方面，自由港应当要大力促进循环经济的发展。所谓循环经济，是指在生产、流通和消费等过程中进行的减量化、再利用、资源化活动的总称。①自由港要做好环境保护工作，大力发展循环经济是一条捷径。为实现循环经济，要鼓励和支持开展循环经济科学技术的研究、开发和推广，建立发展循环经济的目标责任制，减少废物的产生量和排放量，提高废物的再利用和资源化水平。另一方面，推动环境污染第三方治理机制。2017年8月，环境保护部出台了《关于推进环境污染第三方治理的实施意见》，鼓励专业的事情由专业的公司来完成，提高环境污染治理的效率。通过环境污染治理的市场化机制，可以促进环境治理的任务向环境服务公司转移和集中，更有利于环境质量地尽快改善。②

## 五、自由港的容错纠错机制保障

2016年3月5日，第十二届全国人民代表大会第四次会议在北京人民大会堂开幕，李克强总理在做政府工作报告时说："健全激励机制和容错纠错机制，给改革创新者撑腰鼓劲，让广大干部

---

① 参见《循环经济促进法》第二条的规定。
② 环保部. 加强对环境污染第三方治理行为监管力度［EB/OL］. 新华网，http://news.xinhuanet.com/local/2017-11/23/c_1122000343.htm，2017年11月23日发布，2017年11月25日访问。

愿干事、敢干事、能干成事。"党的十九大报告亦在"新时代党的建设总要求"中明确提出"建立激励机制和容错纠错机制"。可见，创新驱动发展战略已经成为基本国策。在国家创新发展体系中，政府是重要组成部分。一方面，政府要为经济社会发展营造创新环境，提供创新平台，激励创新行为，推广创新成果；另一方面，政府本身也要实施创新管理，制定创新政策，提供创新服务，鼓励创新活动。在政府创新体系中，党政干部是政府创新主体，是政府创新的发动机，是政府创新的灵魂所在。党政干部对外需要创新公共政策和公共服务，对内需要创新管理体制和管理机制。要创新就难免有错误、有过失，所以我们应该有宽容这种错误、过失的态度。在自由港建设的背景下，有必要尽快建立健全容错纠错机制，为敢担责、能干事的干部撑腰打气，营造"鼓励创新、宽容失败"的浓郁氛围。① 容错纠错机制至少包括三项制度：容错机制、纠错机制与容错纠错程序。

### (一) 容错机制的构建

在构建容错纠错机制时，应对容错追责的边界和范围作出明确规定，一是明确"错误"内容。要明晰可以免予追责的错误是哪些，把因独断专行、违背程序和规律、违背科学而作出的决策

---

① 贺海峰. 构建容错纠错机制激励干部干事创业 [N]. 光明日报，2016-11-14 (11).

排除在免责范围之外。对"错误"的判断标准进行细化,使之具有可操作性。坚持"三个区分开来"原则,即切实把干部在推进改革中因缺乏经验、先行先试出现的失误和错误,同明知故犯的违纪违法行为区分开来;把上级尚无明确限制的探索性试验中的失误和错误,同上级明令禁止后依然我行我素的违纪违法行为区分开来;把为推动改革发展的无意过失,同为谋取私利的违纪违法行为区分开来。

二是明确"错误"界限。容错机制须划清可容与不可容的界限。决策严重失误与重大决策失误不能容错。涉及人民群众生命与健康的保障、社会共同体的存续以及国家安全的决策失误属于严重失误。涉及面大、涉及利益带有根本性的决策失误属于重大决策失误。明确错误的界限,把握基本的原则,规范容错的界限,容错机制的设立是为了保护改革者,绝不是为了包庇和偏袒犯错者,因此,必须对错误的界限进行明确而精准地划分。对于推进容错纠错机制常态化,做到"会容"和"容好"。当然,在改革的框架下,容错免责的尺度是很难把握的,如上文所阐述的那样,规定总的来说具有较大的弹性解释空间,存在极大的认定自由裁量空间,再加上改革创新还往往需要突破一些过时的法律法规政策的规定,导致容错免责的边界和尺度难以把握,边界过窄、尺度过严,都可能扼杀改革创新者的积极性;边界过宽、尺度过松,又有可能纵容犯错,成为犯错者的避风港。

三是明确容错对象。容错机制是为促进事业发展,大公无私、尽职担当、敢闯敢干、行为有据的干部撑腰打气,不是放任违纪违法行为。容错机制容不下腐败和违反中央"八项规定"精神的干部。

## (二) 纠错机制的构建

古人云"人非圣贤，孰能无过，过而能改，善莫大焉。"在改革创新中，难免会出现错误，怕的不是出错，而是缺乏有效的纠错和防错机制。对于政府部门来讲，由于种种原因，工作中出现决策失误或者错误是在所难免的，如上所述，有些错误是可以被容忍的，但是我们也要把好纠错这一关。本书认为纠错有两个方面：一方面，在决策的进行时，进行纠错；另一方面，在出现错误后，立即进行纠错。

纠错机制涵盖错误预警、错误应急反应、纠错效果检验等内容。构建纠错机制旨在"知错即纠"，即在改革创新中出现偏差或者失误时，及时采取措施予以纠正，以避免或减少损失。[1] 也就是，应对风险产生的源头、过程及后果进行科学评估，找出原因，确定性质，修正制度设计，采取必要补救措施，及时引导创新方向，把可能造成的损失降到最低。

构建纠错机制，不仅能够提高社会管理效率，同时也能提高政府公信力，解决社会管理失灵，改善政府形象等各种问题。构建纠错机制，提高各级领导的决策水平，建立一套严格的决策程

---

[1] 陈朋发. 试论改革创新中容错纠错机制的构建 [J]. 行政与法，2017 (3).

序，不断完善决策与纠错机制，势必会使我国的重大决策科学化和民主化，提供管理水平，塑造高效廉洁的政府管理形象。无数的事实告诉我们，决策是否正确，往往左右着一个问题是否能被解决，一个工程是否能获得成功。因此，构建纠错体制是让偏离航向的船只回到正轨的良方。

### （三）容错纠错程序的构建

从法学的角度，程序主要表现为按照一定的顺序、方式来作出法律决定的过程，这种过程不但隐含着决定成立的前提，同时还具有影响程序完结时当事人的行为态度以及保留客观评价决定过程的可能性。[①] 一套适格的程序，其代表的往往是实体内容的可评价性与可监督性，能够最大限度地发挥实体内容的价值。近年来，程序优先在法学界更是成为一种通识。可以说，在容错纠错机制的构建中，制定一套完备效率、公平正义的容错纠错程序，其意义丝毫不亚于容纠机制实体内容的构建。

将申辩救济程序大致分为五个环节，主要有启动程序、调查审核程序、结果认定程序、结果运用程序以及容错效果观察程序。启动程序的设定可以依申请与依职权为宜。即决策主体（包括民主集中下共同作出决策的集体或个人）或对其具有管理权限的党

---

① 季卫东. 法律程序的意义——对中国法制建设的另一种思考 [J]. 比较法研究，1993（1）.

组织可以申请提起申辩救济，问责主体亦可依职权主动发起容错救济。对于调查审核程序，考虑到"庇护式腐败"风险的存在，在实践中对于容错申请的调查与认定应该贯彻"调审分离，多方共力"的原则，避免将权力过度的集中。对于结果认定程序，主要分为三种情况，包括认为允许容错、不许容错以及结果难以评估。对于容错结果的运用，主要应当考虑决定行为的可复核性。一般而言，对于容许容错的决定，在决定行为作出后应当将结果在一定范围内公示，并留足一定的公示期。申辩救济程序的最后一个环节是对容错结果的观察，前文述及，容错只是政策手段，纠错才是最终目的。问责主体应当适时对得到救济对象进行回访、交易，救济对象的主管部门应当对其进行跟踪管理，主要观察救济对象的纠错行为与反思行为，考察其补救措施，防止重蹈覆辙。真正发挥宽容错误、纠正错误、改正错误后继续进取的制度作用。

# 参 考 文 献

[1] 李金珊，胡凤乔. 国际关系体系下欧洲关税制度的变迁与自由港功能形态的演化 [J]. 浙江大学学报（人文社会科学版），2014（10）：85 – 97.

[2] 胡凤乔，李金珊. 从自由港代际演化看"一带一路"倡议下的第四代自由港发展趋势 [J]. 社会科学家，2016（5）：96.

[3] 窦萍. 从保税区到自由港——上海保税功能能级提升研究 [D]. 上海：华东师范大学，2006.

[4] 沈世顺. 世界自由港和自由贸易区 [J]. 国际问题研究，1984（6）：52 – 61.

[5] 胡凤乔. 世界自由港演化与制度研究 [D]. 杭州：浙江大学，2016.

[6] 郭信昌. 试论战后世界自由港区加速发展的客观必然性 [J]. 南开经济研究，1986（05）：66 – 71.

[7] 韩宝昌. 重庆出口加工区功能定位与研究 [D]. 重庆：重庆大学，2008.

[8] 刘萧. 联盟时代港口求变之路 [J]. 中国船检，2017（2）.

[9] 吴文杰：自由贸易港区的概念、历程与功能及中国台湾发展自由贸易港区的策略 [J]. 物流技术，2011（02）：29-31.

[10] 路璐：欧洲自由港区功能与政策演讲研究 [D]. 天津：天津财经大学，2016.

[11] 樊一帆. 新加坡自由港模式对中国（上海）自由贸易试验区的启示 [D]. 天津：天津师范大学，2014.

[12] 吴爱存. 中国港口的产业集群研究 [D]. 长春：吉林大学，2015.

[13] 刘晨诗. 基于港口代际演进的港城互动分析 [D]. 天津：天津师范大学，2014.

[14] 黄汉生. 世界自由港的历史演变及其发展特点 [J]. 南洋问题研究，1992（4）.

[15] 薛严. 重拾港口经济的雄心 [N]. 科技日报，2015-11-17.

[16] 曹前满. 东北亚城市与海洋研究 [D]. 华东师范大学博士论文，2012-05-01.

[17] 陈继红，朴南奎. 上海自贸区国际集装箱物流中转服务策略——基于韩国釜山港经验 [J]. 中国流通经济，2016（7）.

[18] 徐幸瑜，左峻德. 两岸次区域经贸合作探讨——以厦金合作为试点 [J]. 现代台湾研究，2016（12）.

[19] 张壮. 集装箱船舶大型化背景下港航业面临的新常态及对策 [J]. 集装箱化，2016（12）.

[20] 黄成勇，李京文. 实施自由贸易港战略研究 [J]. 宏观

经济管理，2012（05）.

[21] 张磊. 釜山港口物流发展经验及对天津港的启示 [J]. 港航研究，2015（8）.

[22] 冯伟. 集装箱水中转之国际经验借鉴 [J]. 中国港口，2017（1）.

[23] 高睿. 德国汉堡自贸区的百年兴衰启示 [EB/OL]. http://city.china.com/thinktang/11174544/20151023/20616709.html，2015-10-23.

[24] 袁晨. 汉堡港发展特点若干思考与经验借鉴 [J]. 中国远洋航务，2013（12）.

[25] 徐亦宁. 汉堡港——"新常态"下市区港口发展新举措 [J]. 中国远洋航务，2016（07）.

[26] 汉堡港货物吞吐量再次增长 [J]. 铁路采购与物流，2017（02）.

[27] 汪洋. 推动形成全面开放新格局 [N]. 人民日报，2017-11-10（004）.

[28] 陆振华. 专访汉堡港副主管曼弗莱德·林德洛夫：汉堡港不是一个工业园 [N]. 21世纪经济报道，2014-01-06.

[29] 徐玉兰. 世界名港——汉堡 [J]. 中学地理教学参考，1999（03）：56-57.

[30] 高培新. 论厦门特区实行某些自由港政策问题——香港、汉堡、利物浦自由港发展的启示 [J]. 厦门大学学报（哲学社会科学版），1989（01）：39-45.

[31] 张世坤. 有关汉堡港、鹿特丹港、安特卫普港的考察——兼谈我国保税区与国际自由港的比较 [J]. 港口经济, 2006 (01): 42-43.

[32] 张帅. 国际航运中心建设和发展经验——以汉堡港为例 [J]. 物流科技, 2010, 33 (01): 18-20.

[33] 余峰. 2005 年汉堡港全球地位攀升 [N]. 中国水运报, 2006-02-10 (005).

[34] 21 世纪经济报道. 德国汉堡: 拆除藩篱终结 124 年自由港历史 [EB/OL]. http://money.163.com/14/0106/02/9HSDKPBE00253B0H.html#from=keyscan.

[35] 张帅. 国际航运中心建设和发展经验——以汉堡港为例 [J]. 物流科技, 2010, 33 (01): 18-20.

[36] 尹凡. 汉堡港管理体制改革启示 [N]. 中国水运报, 2002-05-31 (003).

[37] 孟广文. "欧洲门户"汉堡自由港之变 [EB/OL]. http://news.163.com/13/0928/10/99RQLC4V00014AED.html.

[38] 路璐. 欧洲自由港区功能与政策演进研究 [J]. 港口经济, 2015 (10): 27-29.

[39] 杨建国. 港口经济的理论与实践 [M]. 北京: 海洋出版社, 2014 (6).

[40] 郑士源. 转型期中国港口多层级治理模式的构建及路经研究 [M]. 上海: 上海交通大学出版社, 2016 (7).

[41] 张迈. 欧洲自由港的启示 [J]. 中国水运, 2008 (9).

[42] 孙德红. 汉堡自由港管理对我国港口保税区监管的几点启示 [J]. 中国港口, 2007, (2).

[43] 路璐. 欧洲自由港功能与政策演进研究 [D]. 天津, 天津财经大学硕士学位论文, 2016.

[44] 商务部研究院. 中国对外贸易30年 [M]. 北京: 中国商务出版社, 2008: 202-207.

[45] 李友华, 等. 中国保税区向由由贸易港区转型研究 [M]. 福州: 福建人民出版社, 2007.

[46] 杨建文, 陆军荣. 中国保税港区: 创新与发展 [M]. 上海: 上海社会科学院出版社, 2008: 44.

[47] 胡凤乔, 李金珊. 从自由港代际演化看"一带一路"倡议下的第四代自由港发展趋势 [J]. 社会科学家, 2016 (5): 95-99.

[48] 洪山. 世界自由港的发展及其特点 [J]. 对外经贸实务, 1996 (10): 32-35.

[49] 陈会珠, 孟广文. 香港自由港模式发展演化、动力机制及启示 [J]. 热带地理, 2015 (1): 70-80.

[50] 李金珊, 胡凤乔. 国际关系体系下欧洲关税制度的变迁与自由港功能形态的演化 [J]. 浙江大学学报 (人文社会科学版), 2014 (11): 85-97.

[51] 黄汉生. 世界自由港的历史演变及其发展特点 [J]. 南洋问题研究, 1992 (4): 49-56.

[52] 樊一帆. 新加坡自由港模式对中国 (上海) 自由贸易试

验区的启示 [D]. 天津：天津师范大学硕士学位论文，2014.

[53] 陈会珠，孟广文，高玉萍，杨爽，邵擎峰. 香港自由港模式发展演化、动力机制及启示 [J]. 热带地理，2015，35 (1)：70 - 80.

[54] 李九领. 中国自由贸易港战略刍议 [J]. 当代经济，2011 (2)：60 - 62.

[55] 李建丽，真虹，徐凯. 自由贸易港模式在我国的适用性分析 [J]. 港口经济，2010 (7)：10 - 13.

[56] 苏珊珊. 中国（上海）自由贸易试验区政策分析——基于中国台湾基隆自由贸易港区、韩国釜山自贸区的比较 [J]. 当代经济管理，2014 (9)：42 - 47.

[57] 商务部国际贸易经济合作研究院课题组. 中国（上海）自由贸易试验区与中国香港、新加坡自由贸易港政策比较及借鉴研究 [J]. 科学发展，2014 (9)：5 - 17.

[58] 邓新杰. "义务试点"获批后的思考：建设自由贸易港之香港、义务相比较 [J]. 农业经济与科技，2012 (3)：95 - 97.

[59] 武晓庆，王素青. 以建设自由贸易港区为重点　加快建设北方国际航运中心 [J]. 港口经济，2013 (4)：32 - 33.

[60] 赵冰，曹允春，沈丹阳. 港—产—城视角下临空经济的新模式 [J]. 开放导报，2016 (2)：70 - 74.

[61] 马庆强. 新加坡自由贸易港、迪拜杰贝阿里及智利依基克三地自贸区比较及对天津自贸区的启示 [J]. 天津经济，2016 (3)：21 - 23.

[62] 宋福铁，金波. 厦门象屿保税区向自由贸易区（自由贸易港）转换的策略 [J]. 国际贸易问题，2004（5）：47-51.

[63] 李曼. 区港联动——天津自由贸易港发展的必由之路 [J]. 水运工程，2009（10）：85-90.

[64] 张迈. 欧洲自由贸易港的启示 [J]. 中国水运，2008（9）：20-21.

[65] 陈文玲. 津沪深综合配套改革的背景与障碍——兼论三地的自由贸易港建设 [J]. 开放导报，2007（2）：5-8.

[66] 宫敏丽. 舟山自由贸易港区投资便利化路径及对策[J]. 浙江海洋学院学报，2014（4）：41-46.

[67] 王晓辉. 国外自由贸易区发展经验及对我国的启示[J]. 价格月刊，2017（2）：86-89.

[68] 佚名. 西安国际港务区功能区打造"中国最大国际内陆自由港"[J]. 西部大开发，2017（6）：40-41.

# 后　记

中国坚定不移走开放发展之路，推动建设开放型世界经济，在经济全球化遭遇逆风之际为世界注入了正能量，体现了大国担当。在党的十九大上，习近平总书记提出要"赋予自由贸易试验区更大改革自主权，探索建设自由贸易港"，这对改革开放试验田的建设提出了更高要求，指明了新的方向，要求我们对标更高标准的国际投资贸易规则，推动更全面、更深入的开放新格局。

自2015年1月7日福建师范大学福建自贸区综合研究院获准成立以来，研究院获得了迅速成长。近三年来，我们形成了自贸区研究的"学术接力"和优良学风。在这里，我也由衷地感谢我的团队成员，他们来自不同的学院、不同的学科、不同的专业，但我们能够迅速地集结起来，而且不断凝聚人气、壮大队伍，现已形成了一支36人的研究团队。没有大家的倾力付出，没有他们对学术研究的赤热坚守和为国效力的家国情怀，我坚信绝不会有我们不断地推出一部又一部的新成果！

回首近三年的来时路，令人欣慰的是，我们已先后推出了《自贸区大时代——从福建自贸试验区到21世纪海上丝绸之路核心区》《中国（福建）自由贸易试验区180问》《中国（福建）自由贸易试验区发展报告（2015－2016）》《TPP的中国策：全球化新时代中国自贸区的突围之路》《中国（福建）自由贸易试验区发展报告（2016－2017）》《供给侧结构性改革与中国自贸试验区制度创新》《"一带一路"与中国自贸试验区融合发展战略》等7部著作，向各级党委政府报送了数十份咨询研究报告，以及发表了一系列专业性的学术论文，得到了各级政府和社会各界的广泛关注和高度认可。

摆在读者面前的这本《中国自由贸易港探索与启航——全面开放新格局下的新坐标》新著，是我们研究院的最新倾力之作，凝聚了全体研究人员的辛苦汗水和最新创获。这本书是集体创作的"产物"，凝聚了福建师范大学福建自贸区综合研究院全体研究人员的智慧和汗水。全书的策划安排、主题设计、框架构思、任务分工、科研组织由黄茂兴教授负责。第一章由陈凤娣博士、伊馨博士、赵亮老师负责撰写；第二章由俞姗博士、陈玲芳博士、林姗姗老师、陈雯老师负责撰写；第三章由戴双兴博士、邹文杰博士、王珍珍博士、周利梅博士、王荧博士、林惠玲博士、吴娟博士、郑小梅老师、方友熙老师、冯国治老师、郭黎霞老师、林昕瑶博士、闫玄老师、邱丽洪老师负责撰写；第四章由余兴博士、方忠博士、张宝英博士老师、江婷婷老师、蔡凌老师负责撰写；第五章由王珍珍博士、黄新焕博士、杨飞龙博士、林惠玲博士、王荧博士、吴娟博士、闫玄老师、邱丽洪老师负责撰写；第六章施志源博士、郑启福博士、杨垠红博士、林少东老师、林烺博士和他们的研究生郑心仪、王国建、谢闽松参与撰写。上述研究人员放弃节假日休息时间，每天坚持工作10多个小时，为本书的顺利完成付出了极大辛劳。对此，我再次向他们表示衷心的感谢。

本书还直接或间接引用、参考了其他研究者相关研究文献，书中没有一一列出，对这些文献的作者表示诚挚的感谢和敬意。

由于时间仓促，本书难免存在疏漏和不足，敬请读者批评指正。

黄茂兴
2017年11月